AF312187

SUITE
DE LA TABLE
CHRONOLOGIQUE
DES ÉDITS

DECLARATIONS,

LETTRES-PATENTES SUR ARRÊTS,

Régiſtrés au Parlement de Metz.

Enſemble des Arréts de réglemens rendus par ladite Cour,
& autres Arréts du Conſeil.

A METZ,

Chez JOSEPH COLLIGNON, Imprimeur ordinaire du Roi, & de
Noſſeigneurs de Parlement, à la Bible d'or.

M. DCC. LXIX.

AVERTISSEMENT.

PErsonne n'ignore combien il est utile d'avoir sous les yeux & dans un même Recueil, une Table chronologique des Edits, Déclarations & Lettres-patentes qui s'enrégistrent journellement dans les Cours ausquelles on ressortit ; c'est sans doute d'après cette maxime que le Public a reçu si favorablement celle qui parut en 1740 concernant les articles susdits, enrégistrés au Parlement de Metz. Cette premiere* Collection a fait naître aux Curieux l'envie d'en avoir la suite & le complément. Pour répondre à leur juste empressement, l'Imprimeur actuel de Nosseigneurs de Parlement à Metz vient de faire une Collection autant exacte qu'il lui a été possible, de tous les Edits, Déclarations & Lettres-patentes qui y ont été enrégistrés jusqu'aujourd'hui, & des Arrêts de réglemens de cette Cour, se proposant en outre d'en donner d'années à autres, une feuille séparée.

L'on y trouvera aussi plusieurs Arrêts du Conseil qui n'ont point été adressés au Parlement, & qui se reconnoîtront facilement n'y étant point fait mention d'enrégistrement.

* Cette premiere Collection se trouve chez ledit Imprimeur.

SUITE DE LA TABLE
CHRONOLOGIQUE

Des Édits, Déclarations, Lettres-patentes & Arrêts du Conseil, régiftrés au Parlement de Metz ; enfemble des Arrêts de réglemens rendus par ladite Cour, &c.

1740.

5 Mai.

ARRÊT du Parlement, qui fait défenfes à toutes perfonnes de faire aucun traité pour leurs provifions & fournitures de bois qui s'amene par eau ; caffe & annulle tous les marchés qui ont été faits ; ordonne que tous les bois qui viendront par eau, feront déchargés fur les chantiers, à peine de trois cens livres d'amende, &c.

11 Juin.

Arrêt du Parlement, qui fait défenfes à tous Orfévres, Fripiers, Marchands, Revendeurs,

A

Juifs & toutes autres perſonnes, de rien acheter d'enfans de famille, domeſtiques, gens inconnus, ſans la permiſſion des peres & maîtres, ou ſans répondans connus, à peine d'être procédé contre eux extraordinairement, comme complices & recéleurs de vols.

27 Juin.

Arrêt du Parlement, qui fait défenſes au Meûnier, Cabaretiers & autres habitans du ban de Suzémont, de reconnoître d'autre Souverain que le Roi, ni d'autre juſtice que celle du Bailliage de Verdun, & en cas d'appel le Parlement ordonne aux Buraliſtes de ſe retirer dans le jour; enjoint aux Fermiers de reſtituer les ſommes par eux perçues ſuivant leurs régiſtres.

30 Juillet.

Arrêt du Parlement, qui fait défenſes aux Maire & gens de juſtice de Malaucourt, & à tous autres Juges des Seigneurs, d'exiger ou recevoir aucuns droits de ſéance, à peine de vingt livres d'amende, & d'autant de dommages-intérêts; fait défenſes aux Avocats & Procureurs du Bailliage de Vic, & à tous Procureurs des Siéges reſſortiſſans à la Cour, de paſſer des appointemens pour inſtruction de procédure, ni de faire taxer les dépens adjugés des Sentences dont il y a, ou pourroit y avoir appel dans la huitaine, ou au moins du jour de la ſignification, &c.

30 Juillet.

Lettres-patentes ſur Arrêt du Conſeil, pour le payement de l'indemnité du papier & parchemin timbré, & employé par M. le Procureur général & les Procureurs du Roi y dénommés, *vérifiées le 12 Septembre.*

Arrêt du Parlement, qui déclare celui de la Chambre des Comptes de Lorraine, nul & attentatoire à l'autorité du Roi; ordonne que celui de la Cour du 27 Juin précédent, pour la réunion du ban de Suzémont à l'obéiſſance du Roi, ſera exécuté ſelon ſa forme & teneur.

22 Août.

Arrêt du Parlement, qui leve la taxe du bois de chauffage juſqu'au premier Mars 1741.

24 Octobre.

Lettres-patentes ſur Arrêt du Conſeil, portant ſurcis juſqu'au 6 Juillet 1741, au jugement des demandes formées en conſéquence de la Déclaration du 1 Juin 1739, contre les Communautés de filles, les Hôpitaux & les Ecoles publiques de charité, au ſujet de leurs acquiſitions, *vérifiées le 24 Décembre.*

25 Octobre.

Lettres-patentes ſur Arrêt du Conſel, qui confirment les acquiſitions faites par les Gens de main-morte dans le reſſort du Parlement, qui ſe trouveront n'être pas de la valeur de vingt livres de revenu, *vérifiées le 24 Décembre.*

25 Octobre.

Déclaration, qui exempte de tous droits les bleds, grains, & légumes qui entreront dans le Royaume; & ordonne la fixation des cens, rentes & redevances qui ſe payent en grains, *vérifiée le 24 Décembre.*

26 Octobre.

Arrêt du Parlement, au ſujet des graiſſes & ſuifs.

29 Octobre.

Arrêt du Parlement, qui défend le tranſport des

24 Décembre.

4

bleds, grains & légumes hors du Royaume, sans préjudice de la liberté du commerce entre la Lorraine & les Trois-Evêchés ; ordonne que ceux qui feront commerce de bled se conformeront à la Déclaration du 31 Août 1699.

24 Décembre. Arrêt du Parlement, qui fixe pendant six mois les alimens des prisonniers, à cinq sols par jour.

29 Décembre. Arrêt du Parlement, servant de réglement au sujet des colombiers dans le ressort.

24 Janvier. ARREST du Parlement, concernant les mendians.

31 Janvier. Déclaration, qui renouvelle les défenses faites aux nouveaux Convertis de vendre pendant trois ans leurs biens, sans en avoir obtenu la permission, *vérifiée le 23 Février.*

16 Février. Arrêt du Parlement, rendu en exécution de l'article 7 de la Déclaration du Roi du 26 Octobre 1740, portant réglement pour le payement des canons ou fermages en grains.

24 Février. Déclaration, pour la vérification & rédaction des Usages locaux du Bailliage de Toul, & réformation de la Coutume de Verdun, *vérifiée le 13 Mars.*

5 Mars. Déclaration, concernant les délais des comptes des Receveurs généraux des Finances, *vérifiée le 26 Juillet.*

Arrêt du Parlement, qui ordonne la suppreſſion du libelle du Sieur Evêque de Metz, imprimé à la ſuite de l'Arrêt du Conſeil, du 31 Janvier 1741.

6 Mars.

Arrêt du Parlement, qui proroge le ſurcis pour la taxe du bois de chauffage, juſqu'au premier Mai ſuivant.

16 Mars.

Arrêt du Parlement, qui fait défenſes à tous Procureurs & Notaires de faire acte de Notaire dans les cauſes où ils auront occupé en qualité de Procureur, ni de poſtuler comme Procureur dans celles où ils auront fait l'office de Notaire.

21 Mars.

Arrêt du Parlement, rendu en exécution de l'article 7 de la Déclaration du Roi du 26 Octobre 1740 ; portant réglement pour le payement des canons ou fermages en grains dans les Prévôtés de Montmédy & Damvillers.

18 Avril.

Lettres-patentes, qui commettent M. Lançon, Conſeiller au Parlement de Metz, pour vaquer à la vérification des Uſages locaux du Bailliage de Toul, & à la réformation de la Coutume de Verdun, *vérifiées le 28 Mai.*

25 Avril.

Arrêt du Parlement, concernant l'enlévement du pain, fait par les étrangers chez les Boulangers de la ville de Metz.

12 Mai.

Arrêt du Parlement, qui ordonne la viſite des grains dans les greniers de la Ville.

22 Juin.

22 *Juin.*   Arrêt du Parlement, qui ordonne de faire des regains.

28 *Juin.*   Arrêt du Parlement, qui casse les conventions & marchés faits ou à faire des bleds & autres grains en verd sur pied avant la recolte, sous les peines y portées.

1 *Juillet.*   Arrêt du Parlement, portant défenses à toutes personnes de se défaisir des froments, méteils, &c. trouvés chez elles lors de la visite : Et taxe du pain.

14 *Juillet.*   Arrêt du Parlement, qui ordonne qu'il sera délivré des bleds aux Boulangers.

14 *Juillet.*   Arrêt du Parlement, concernant la police des moissons.

25 *Juillet.*   Lettres-patentes, qui prorogent pendant six mois la surséance accordée par l'Arrêt du 25 Octobre dernier, concernant les Communautés de filles, les Hôpitaux & les Ecoles de charité du ressort du Parlement de Metz, *vérifiées le 21 Août.*

12 *Août.*   Arrêt du Parlement, qui ordonne la distribution des bleds achetés par les Officiers de l'Hôtel commun de cette Ville.

29 *Août.*   Déclaration du Roi, pour la levée du dixiéme du revenu des biens du Royaume, *vérifiée le 23 Septembre.*

23 *Septembre.*   Arrêt du Parlement, portant que les Boulangers pourront acheter des bleds au-delà de cinq

lieues de cette Ville, & qui fait défenfes à toutes perfonnes d'arrêter les grains que lefdits Boulangers pourroient acheter.

Déclaration du Roi, qui régle la maniere d'élire des tuteurs & curateurs aux mineurs qui ont des biens fitués en France, & d'autres fitués dans les Colonies, *vérifiée le 14 Décembre.* *1 Octobre.*

Arrêt du Parlement, portant taxe en argent des cens dus en vin en la préfente année dans le Pays-meffin, Terre de Gorze, & Quatre-Mairies du Val-de-Metz. *1 Décembre.*

Arrêt du Parlement, portant défenfes de mettre de féves ou autres légumes dans les vignes. *1 Décembre.*

Déclaration du Roi, concernant les Cures & autres Bénéfices à charge d'ames, *vérifiée le 13 Mars.* *13 Janvier.*

Déclaration du Roi, concernant les maifons religieufes, *vérifiée le 11 Mars 1745.* *10 Février.*

Arrêt du Parlement, qui caffe & annulle les jugement & décret du Confeil de Luxembourg, concernant l'Abbaye de Saint Hubert & autres terres neutres le long du chemin neuf, & fait défenfes aux habitans defdites terres de reconnoître le Confeil de Luxembourg, ni l'autorité de la Reine de Hongrie. *21 Février.*

26 Février. Déclaration du Roi, qui défend l'ufage des boutons d'étoffe, *vérifiée le 7 Juin.*

27 Juillet. Arrêt du Parlement, qui fait défenfes aux juges du Bailliage & autres du reffort, d'accorder des paréatis.

12 Août. Lettres-patentes, qui permettent aux Fabricans de bas au métier, établis à Metz, de faire fabriquer, vendre & débiter dans l'étendue de la généralité de Metz feulement, des bas à deux fils de trame, *vérifiées le 13 Septembre.*

20 Août. Lettres-patentes, portant que par les chefs des Juifs de la communauté de Metz, il fera fait un recueil en langue françoife, des coutumes & ufages qu'ils obfervent, *vérifiées le 30 dudit mois.*

12 Septembre. Arrêt du Parlement, qui condamne Louis Gourmaux, habitant de Châtel, & autres, à faire amende honorable, & aux galeres à perpétuité, pour faux témoignage.

25 Septembre. Déclaration du Roi, qui établit les peines qui feront prononcées contre les Commis & Employés dans les poftes, qui feront convaincus de malverfations dans leurs emplois, *vérifiée le 12 Novembre.*

9 Octobre. Lettres-patentes fur Arrêt du Confeil, qui autorifent les Capitaines généraux des fermes à faire des vifites dans les maifons des privilégiés, *vérifiées le 3 Décembre.*

LETTRES-PATENTES

LEttres-patentes sur le réglement pour les différentes sortes d'étoffes qui se fabriquent dans la manufacture de Sedan, *régiftrées le 28 Février.*   *29 Janvier.*

Déclaration du Roi, concernant la maniere d'élire des tuteurs & curateurs aux mineurs qui ont des biens fitués en France, & d'autres fitués dans des Colonies, *régiftrée le 12 Novembre.*   *1 Février.*

Déclaration du Roi, concernant les ouvrages de chauderonnerie, *régiftrée le 7 Mars.*   *16 Février.*

Déclaration du Roi, concernant les amendes des Eaux & Forêts, *régiftrée le 4 Avril.*   *3 Mars.*

Arrêt du Parlement, qui caffe & annulle les jugemens & décrets du Confeil de Luxembourg, des 7, 11, 13 & 18 Mars, 4 & 22 Avril dernier, avec les défenfes y portées.   *13 Mai.*

Arrêt du Parlement, qui caffe & annulle une Ordonnance rendue par le Confeil des Finances de Bruxelles.   *24 Mai.*

Lettres-patentes, qui défendent de vendre & débiter du tabac rapé, fans permiffion du fermier, *régiftrées le 4 Juillet.*   *28 Mai.*

Lettres-patentes sur le réglement des bas & autres ouvrages de bonneterie au métier, qui se fabriquent dans le Royaume, *régiftrées le 31 Octobre.*   *16 Juillet.*

B

1 Octobre. Arrêt du Parlement, qui casse la procédure faite au Bureau du Domaine de Luxembourg, contre le nommé Jean de Greid, habitant de Chasse-pierre, avec les défenses y portées; & qui ordonne qu'il sera procédé contre les nommés Nicolas Remacle, Thomas, Gossin, & autres prisonniers détenus.

13 Octobre. Déclaration, qui ordonne la continuation de la perception du doublement des droits du domaine, barage, poids-le-roi de Paris, & autres droits y énoncés, *régistrée le 5 Mars 1744.*

16 Octobre. Déclaration, pour l'instruction des affaires criminelles dans les Elections & Greniers à sel, *régistrée le 19 Mars 1744.*

3 Décembre. Déclaration, qui accorde l'hérédité aux Notaires, Procureurs & Huissiers des Jurisdictions royales, *régistrée le 8 Février 1744.*

Décembre. Edit, qui augmente les gages des Officiers des Chancelleries du Royaume, & des payeurs de leurs gages, & qui les confirme dans leurs priviléges, *régistré le 8 Février 1744.*

Décembre. Edit, portant suppression des Offices de Trésoriers provinciaux des ponts & chaussées, & création nouvelle desdits Offices, *régistré le 8 Février 1744.*

Décembre. Edit, qui accorde l'hérédité aux Contrôleurs généraux des finances, *régistré le 8 Février 1744.*

Edit, portant augmentation de finances pour les Offices de Receveurs & Contrôleurs généraux des domaines & bois, *régiſtré le 8 Février 1744.*

Décembre.

Edit, qui accorde aux Officiers des Bureaux des Finances, la ſurvivance de leurs Offices, en faiſant par eux le rachat du droit annuel, *régiſtré le 8 Février 1744.*

Décembre.

Edit, qui augmente la finance & les gages des Officiers des Bureaux des Finances du Royaume, & les confirme dans leurs priviléges, *régiſtré le 8 Février 1744.*

Décembre.

Edit, qui augmente la finance & les gages des Offices des Comptables généraux & particuliers du Royaume, & leurs Contrôleurs, *régiſtré le 23 Mars 1744.*

Décembre.

Lettres-patentes, portant exemption de tous droits de ſortie ſur différentes étoffes & marchandiſes des manufactures du Royaume, qui ſeront deſtinées pour l'étranger, *régiſtrées le 23 Mars 1744.*

22 Décembre.

1744.

9 Janvier.

ARRÊT du Parlement, qui ordonne le renvoi des nommés Remacle & Piette, & que les autres particuliers qui ont été arrêtés à Saint Hubert, ſeront retenus dans les priſons de ladite Cour, à titre de repréſailles.

B 2

13 Janvier.

Arrêt du Parlement, qui casse & annulle le décret du Conseil de Luxembourg, du 5 Août dernier, & six Ordonnances rendues par le Procureur général dudit Conseil, concernant l'Abbaye de Saint Hubert & autres terres neutres le long du chemin neuf.

15 Février.

Déclaration, portant que les Faux-sauniers, Faux-tabatiers & autres Contrebandiers qui seront condamnés aux galeres, seront flétris des lettres G. A. L. dans les cas y énoncés, avant d'être attachés à la chaîne, *régistrée le 19 Mars.*

22 Février.

Déclaration, qui renouvelle les défenses aux nouveaux convertis de vendre leurs biens pendant trois ans, sans en avoir obtenu la permission, *régistrée le 9 Mars 1744.*

2 Mars.

Arrêt du Parlement, qui condamne Bernard Denis aux galeres pour crime de vols ; & fait défenses aux Revendeuses & autres d'acheter aucuns effets de personnes suspectes, sans répondans valables.

16 Mars.

Declaration, en faveur des Trésoriers provinciaux des ponts & chauffées, pour l'exemption de la taille, *régistrée le 4 Mai.*

24 Mars.

Déclaration, qui dispense ceux qui acquéreront à l'avenir des Offices de Chevalier d'honneur des Bureaux des Finances, de faire preuve de noblesse, *régistrée le 18 Mai.*

Arrêt du Parlement, qui condamne Jacques Mullot & Jean Cheureux, à faire amende honorable & aux galeres, pour contravention aux Ordonnances royales concernant les mariages; & qui fait défenses à toutes perfonnes d'aller en pays étrangers pour y faire célébrer leurs mariages.

27 Mars.

Arrêt du Parlement, qui caffe une Ordonnance du Confeil de Luxembourg, pour établir des prieres publiques à Saint Hubert & autres terres neutres, pour la Reine de Hongrie & le Grand Duc de Tofcane fon Epoux, comme Souverain defdits lieux.

30 Mars.

Arrêt du Parlement, fervant de réglement pour la fûreté & confervation des minutes des Notariats, &c.

30 Mai.

Arrêt du Parlement, qui ordonne de faire des regains.

9 Juillet.

Arrêt du Parlement, qui condamne Jean-Robert Roch, Hermant Lentgen, Mathias Hofter, & Hermant Harter, à faire amende honorable & aux galeres, pour crime de faux, &c.

28 Juillet.

Lettres-patentes, concernant le commerce des Ifles françoifes.

14 Août.

Arrêt du Parlement, qui ordonne que les Greffiers des Bailliages & autres Siéges du reffort, auront un régiftre particulier pour enrégiftrer les Ordonnances, Edits & Déclarations.

7 Septembre,

1744.

26 Septembre.

Arrêt du Parlement, qui ordonne des illuminations & autres réjouissances pour la santé du Roi.

6 Octobre.

Déclaration, concernant les gages intermédiaires, & autres droits.

10 Octobre.

Lettes-patentes sur Arrêt, pour fixer les Bureaux de sortie des marchandises qui passent à l'étranger, en exemption des droits, *régistrées le 18 Février 1745.*

1745.

12 Janvier.

DÉCLARATION, concernant l'hérédité des Offices de Substituts des Procureurs du Roi des Siéges & Jurisdictions royales, des Jurés-vendeurs - Priseurs de meubles, & des Arpenteurs royaux, *régistrée le 6 Juin.*

Février.

Edit, qui ordonne que les Grands-Maîtres des Eaux & Forêts seront reçus au rachat de l'annuel, & les Officiers des Eaux & Forêts à celui du prêt & de l'annuel : Et création d'un Trésorier-payeur, & d'un Contrôleur des quatorze deniers pour livre du prix des adjudications des bois, *régistré le 3 Mai.*

Février.

Edit, portant établissement de marques sur les ouvrages de cuivre, *régistré le 3 Mai.*

Février.

Edit, portant création d'Inspecteurs & Contrôleurs des Maîtres & Gardes dans les corps des Marchands, & des Inspecteurs & Contrôleurs des Jurés dans les Communautés d'arts & métiers du Royaume, *régistré le 3 Mai.*

Edit, qui accorde aux Officiers des Elections & des Greniers à fel, la furvivance des Offices, *régiftré le 3 Mai.*

Déclaration, qui ordonne le rétabliffement du droit d'un fol fix deniers fur chaque jeu de cartes, *vérifiée le 10 Avril.*

Déclaration, concernant les Receveurs généraux des Domaines & Bois, *vérifiée le 6 Juin 1746.*

Déclaration, concernant les délais des comptes des Receveurs généraux des Finances, des années 1742, 1743, 1744 & 1745, *vérifiée le 17 Mai.*

Arrêt du Parlement, qui fait défenfes à tous Greffiers & autres Commis, d'exiger ni recevoir que les deux tiers de la taxe du Juge, pour rédiger les enquêtes, &c.

Arrêt du Parlement, en interprétation de l'article 13 du titre des Succeffions de la Coutume de l'Evêché de Metz.

Déclaration, concernant la nomination aux Cures & Bénéfices à charge d'ames, qui font régis par des Gradués dans les mois de Janvier & Juillet, appellés les mois de rigueur, *vérifiée le 21 Juin.*

Déclaration, qui ordonne une augmentation fur chaque minot de fel, qui fe diftribue aux Officiers qui jouiffent du droit de franc-falé, *vérifiée le 5 Juillet.*

1745.

Février.

16 Février.

25 Février.

30 Mars.

1 Avril.

8 Avril.

27 Avril.

27 Avril.

1745.

24 Juillet. Déclaration, portant confirmation des priviléges, prérogatives & droits accordés aux Grands-Maîtres des Eaux & Forêts, conformément à l'Edit du mois de Février 1745, *vérifiée le 24 Février 1746.*

14 Septembre. Déclaration, qui fixe les délais des comptes du Dixiéme à rendre par les Receveurs généraux des finances & autres Comptables, pour le quartier d'Octobre 1741, & années 1742, 1743, 1744 & 1745, *régiftrée le 6 Juin 1746.*

6 Novembre. Lettres-patentes, qui ordonnent que les Chanoines des Eglifes Cathédrales de Metz, Toul & Verdun, feront tenus de prêter ferment au Parlement de Metz.

25 Novembre. Arrêt du Parlement, qui fait défenfes d'exécuter un réglement de l'Hôtel de ville de Metz, concernant les droits de quartage & de coupillon.

1746.

1 Février. ARRÊT du Parlement, qui caffe & annulle deux décrets du Confeil de Luxembourg des 18 & 20 Mai dernier, & ordonne l'exécution de tous les Arrêts ci-devant rendus concernant la neutralité de Saint Hubert.

Jugement fouverain de la réformation des bois de l'Évêché de Metz, fur les ufages.

1 Mars. Lettres-patentes, qui ordonnent de nouveaux Bureaux pour la fortie de plufieurs marchandifes,

en

en exemption de tous droits, *régiſtrées le 2 Mai.*

Arrêt du Parlement, qui condamne Etienne Marchal aux galeres à perpétuité, &c. Enjoint au Greffier du Bailliage de Vic, & à tous autres Greffiers des Bailliages & autres Juſtices reſſortiſſantes nuement à la Cour en matiere criminelle, de ſe conformer à l'article 10 de la Déclaration du Roi du 19 Juin 1691, &c. *24 Mars.*

Arrêt du Parlement, qui ordonne l'exécution de l'article 3 du tarif du 13 Août 1739, concernant le droit d'entrée par voiture de bois en cette Ville. *4 Mai.*

Arrêt du Parlement, qui ordonne la réforme des Meſures-matrices, tant pour la Ville de Metz que Pays-meſſin, & en ordonne de nouvelles ; avec défenſes aux Marchands, Bourgeois & autres de s'en ſervir d'autres, qu'elles ne ſoient ajuſtées & étalonnées par les Ajuſteurs qui feront à cet effet nommés, à peine d'amende. *12 Mai.*

Déclaration, qui fixe les délais des comptes des Dixiémes à rendre par les Receveurs généraux des Finances & autres comptables, pour les années 1742, 1743, 1744 & 1745. *6 Juin.*

Lettres-patentes, ſur l'exécution de l'article 9 du titre 2 de l'Ordonnance de 1687, *régiſtrées le 10 Novembre.* *5 Juillet.*

Arrêt du Parlement, qui déclare Jean Burthe *23 Juillet.*

C

incapable de posséder l'office de Géolier.

21 Octobre. Déclaration, qui ordonne ce qui doit être fait pour la perception du droit établi sur les cartes, par celle du 16 Février 1745, *vérifiée le 5 Juin 1747.*

14 Novembre. Arrêt du Parlement, qui condamne Françoise Barbier à être battue & fustigée de verges, &c. Et fait défenses aux Juges du Bailliage de Vic, & tous autres, de plus connoître à l'avenir des infractions de bans, prononcées par Arrêt du Parlement.

26 Novembre. Lettres-patentes, sur une Ordonnance de M. l'Evêque de Metz, pour la fixation des Fêtes qui se célébreront dorénavant dans le Diocése de Metz, *régistrée le 31 Janvier 1747.*

Décembre. Edit, qui ordonne la levée pendant dix années des deux sols pour livre en sus du Dixiéme, à compter du premier Janvier 1747. Et porte création de douze cens mille livres de rentes héréditaires au denier vingt, *vérifié le 9 Janvier 1747.*

1747.

20 Février. DÉCLARATION, portant défenses aux nouveaux convertis de vendre leurs biens sans permission, *vérifiée le 17 Avril.*

7 Mars. Lettres-patentes sur Arrêt, portant réglement sur la régie des droits de la marque des fers, *vérifiée le 8 Mai.*

Lettres-patentes fur Arrêt, contre les Contrebandiers décrétés, ou qui s'évadent des prifons *régiftrées le 5 Juin.*

14 Mars.

Déclaration, en faveur des Officiers des Elections & des Greniers à fel, *vérifiée le 10 Juillet.*

7 Avril.

Déclaration, portant réglement fur la compétence des Tribunaux, pour la difcuffion des biens de ceux qui en ont dans l'étendue du Royaume, & dans les pays foumis à l'obéiffance du Roi de Pologne, Duc de Lorraine, *vérifiée le 26 Juin.*

9 Avril.

Arrêt du Parlement, concernant les Voiries des Villes du reffort, pour enterrer les bêtes mortes.

18 Avril.

Arrêt du Parlement, qui fait défenfes aux Greffiers des Bailliages d'expédier aucunes Sentences, qui ordonnent que les piéces feront mifes fur le Bureau, & toutes autres de remife, ou continuation de caufes; Et aux Procureurs defdits Siéges de fournir dans les caufes ordinaires de défenfes à une demande, ou de repliques à ces défenfes, par requêtes.

20 Avril.

Arrêt du Parlement, qui fait défenfes à tous Juges de fon reffort, de recevoir d'aucun particulier des plaintes générales, aux fins de faire informer d'autres faits d'ufure, que de ceux qui concernent perfonnellement les plaignans.

21 Avril.

Lettres-patentes fur Arrêt, qui ordonnent que

11 Juin,

les gages des Géoliers des prisons royales , qui sont employés dans les états des charges des Domaines , leur seront payés sans aucune retenue de dixiéme , à commencer du premier Janvier 1747, *régistrées le 24 Juillet.*

Août. Ordonnance du Roi, concernant les diversités de Jurisprudence sur la matiere des Substitutions fideicommissaires, *régistrée le 17 Juin 1748.*

27 Septembre. Lettres-patentes sur Arrêt , concernant les déclarations des marchandises dans les Bureaux des Fermes, *régistrées le 27 Novembre.*

30 Septembre. Lettres-patentes sur Arrêt, portant confirmation des Coutumes de Verdun, & des Usages locaux de Toul, *régistrées le 7 Décembre.*

12 Décembre. Lettres-patentes sur Arrêt , pour la fermeture à clef, des maisons & autres lieux, où les Faux-sauniers & Faux-tabatiers peuvent déposer leur sel & tabac à l'insçu des propriétaires ou locataires, *régistrées le 21 Mars 1748.*

Arrêt du Parlement, en faveur du Sieur de Cointoux, contre le Sieur Hatzel.

1748.

Février. EDIT, portant établissement de droits sur la Poudre à poudrer & sur la Cire, & rétablissement des droits anciennement imposés sur les Suifs & sur les Papiers & Cartons, comme aussi une augmentation de droits fur le Papier & Parchemin timbré, *vérifié le 4 Avril.*

Arrêt du Parlement, qui confirme la Sentence du Bailliage rendue à l'encontre de Cuny Arbanere, Géolier : Fait défenfes aux Géoliers des Prifons royales de cette Ville, & à tous autres du reffort, de fe fervir pour domeftiques des prifonniers ou prifonnieres.

Déclaration, qui ordonne que les Droits feigneuriaux dus pour mutation par échange, feront vendus & aliénés, & fixe la maniere dont en doivent jouir ceux qui s'en rendront acquéreurs, *régiftrée le 4 Avril.*

Déclaration, qui ordonne que les Actes tranflatifs de propriété des biens réputés immeubles, foient fujets à l'infinuation dans les mêmes cas où les Actes tranflatifs de propriété des immeubles réels y font affujettis, & qu'il foit payé pour ledit droit d'infinuation le centiéme denier de la valeur defdits biens, & les quatre fols pour livre en fus, *régiftrée le 26 Avril.*

Lettres-patentes fur Arrêt, qui ordonnent que les fommes employées dans l'état des Bois du Roi de la Généralité de Metz, fous le nom des Gouverneurs de Mezieres & de Montmédy, céderont pendant le temps de la vacance des Gouvernemens de ces places au profit des Lieutenans de Roi, Majors & Aydes-majors des mêmes places, *régiftrées le 22 Juillet.*

23 Février.

20 Mars.

27 Mars.

4 Juin.

1748.

26 Août. Déclaration, qui ordonne que les Receveurs généraux des Domaines & Bois, ne rapporteront pour piéces juſtificatives des comptes rendus ou à rendre à l'avenir du recouvrement des frais de Juſtice, que les Arrêts qui auront accordé des décharges ſur les états de recouvrement, *régiſtrée le 12 Novembre.*

10 Novembre. Déclaration, en interprétation de l'Edit du mois de Décembre 1691, concernant les Inſinuations Eccléſiaſtiques, *vérifiée le 17 Mars 1749.*

1749.

2 Janvier. LETTRES-PATENTES ſur Arrêt, portant réglement pour les Compagnons & Ouvriers qui travaillent dans les Fabriques & Manufactures du Royaume, *régiſtrées le 26 Février.*

1 Février. Arrêt du Parlement, qui ordonne l'exécution de l'article 43 de l'Edit de 1695.

3 Mars. Déclaration, en interprétation de l'Edit du mois d'Août 1669; En conſéquence ordonne que les Gardes-jurés & autres, chargés de l'adminiſtration des deniers & revenus des Communautés, ſoient tenus à la fin de leur exercice de rendre leurs comptes pardevant les Juges des Manufactures, *vérifiée le 8 Mai.*

4 Mars. Arrêt du Parlement, qui enjoint aux Maires & habitans des Villages du reſſort, de faire couper & brûler les branches d'arbres, hayes & buiſſons ſur leſquels il y a des nids de chenilles, &c.

Arrêt du Parlement, portant défenses aux Maires & Gens de justice de se taxer aucun droit pour causes d'audience , portées par procès-verbaux de contestations.

29 Mars.

Edit, qui supprime les Prévôtés, Châtellenies & autres Jurisdictions royales établies dans les Villes où il y a des Bailliages ausquels ces Siéges ressortissent, *vérifié le 18 Août.*

Avril.

Arrêt du Parlement, qui ordonne l'exécution de l'Arrêt de ladite Cour du 10 Novembre 1740: Et fait défenses aux Bouchers lorsqu'ils exposeront en vente les Suifs en branches , de les dépecer & d'y mettre aucuns seins, oins ni autres mauvaises graisses, à peine de confiscation, & de cinquante livres d'amende.

17 Avril.

Arrêt du Parlement, portant réglement sur la maniere dont les Notaires de la Ville de Metz se conduiront par rapport aux arches des Amans, & aux titres y contenus, &c.

30 Avril.

Déclaration, qui ordonne la perception d'un droit de trente sols par chacune livre de seize onces, sur tous les Tabacs étrangers qui entreront dans le Royaume , pour autre destination que pour celle de la Ferme générale, *régistrée le 13 Mai.*

4 Mai.

Edit, portant suppression du Dixiéme établi par la Déclaration du 29 Août 1741; l'établissement d'une Caisse générale des Amortissemens pour le

Mai.

remboursement des dettes de l'Etat, & la levée du Vingtiéme, pour le produit en être versé dans ladite Caisse, *régistré le 23 Juin.*

6 Mai.   Arrêt du Parlement, portant réglement en faveur des Propriétaires des Fermes & Métairies, contre les laisseurs de bestiaux à chaptel.

21 Juin.   Arrêt du Parlement, qui fait défenses aux Fermiers des Moulins de la Mozelle & de la Seille, aux Boulangers & autres habitans de cette Ville, de pactiser en argent, pour raison des droits de mouture dus à la Ville; Et ordonne que tous les Fermiers desdits Moulins seront tenus de s'y conformer, à peine de cent livres d'amende, &c.

6 Juillet.   Déclaration, pour prêt, paulette & annuel des Offices.

8 Juillet.   Arrêt du Parlement, au sujet des Boucheries de Verdun.

11 Juillet.   Arrêt du Parlement, qui permet aux Boulangers de cuire du pain bis-blanc fait avec du bled-méteil, & du bis avec du seigle ou du méteil, jusqu'au premier Septembre prochain.

14 Juillet.   Arrêt du Parlement, qui condamne Michel Demange, Boulanger de cette Ville, en cinquante livres d'amende, & qui l'interdit de sa profession de Boulanger, jusqu'au premier Septembre prochain, &c.

Août.   Edit, concernant les établissemens & acquisitions

tions des Gens de main-morte, *vérifié le 13 No-*
vembre.

Déclaration, qui ordonne la continuation de la
perception du doublement des droits du Domaine,
Barrage & Poids-le-Roi de Paris, & autres droits
y énoncés, pendant le bail de Jean Girardin, Adjudicataire des Fermes générales unies, *vérifiée le*
31 Août 1750.

21 Octobre.

Déclaration, concernant les gages intermédiaires & autres droits, *régiſtrée le 31 Août 1750.*

25 Octobre.

Lettres-patentes sur Arrêt, portant exemption
de tous droits d'entrées sur plusieurs Marchandises venant de l'étranger, *régiſtrée le 19 Mars*
1750.

12 Novembre.

1750.

DÉCLARATION, concernant les délais des
comptes des Receveurs généraux des Finances,
des années 1746, 1747, 1748 & 1749, *vérifiée le*
12 Mars.

27 Janvier.

Déclaration, portant défenses aux nouveaux
Convertis de vendre leurs biens sans permiſſion,
vérifiée le 12 Mars.

10 Février.

Arrêt de la Cour-Table de Marbre, portant
réglement pour la glandée.

18 Juillet.

Arrêt du Parlement, qui caſſe & annulle le Jugement du Bureau des Finances du 28 Août der-

3 Septembre.

nier, & fait défenfes audit Bureau d'en rendre de pareils à l'avenir.

13 Octobre.   Déclaration, portant fuppreffion de différens Offices vacans aux parties cafuelles, & de ceux qui pourront y tomber par la fuite, faute de payement du droit d'hérédité, *vérifiée le 10 Décembre.*

20 Octobre.   Déclaration, concernant les mendians, *vérifiée le 26 Novembre.*

Novembre.   Edit, portant création d'une Nobleffe militaire, *vérifié le 31 Décembre.*

24 Novembre.   Déclaration, portant augmentation du droit de Fret fur les Navires étrangers, à commencer au premier Janvier 1751, *vérifiée le 19 Janvier 1751.*

26 Décembre.   Déclaration, portant fuppreffion, à compter du premier Janvier 1751, du droit de Centiéme denier, & des quatre fols pour livre d'icelui, établi par la Déclaration du 27 Mars 1748, *vérifiée le 19 Janvier 1751.*

31 Décembre.   Lettres-patentes, portant réglement pour l'aggrégation des Maîtres en Chirurgie dans les Villes du Royaume, *régiftrées le 28 Juin 1751.*

1751.

23 Janvier.   ARRÊT du Parlement, qui ordonne que les nids de chenilles feront coupés & brûlés, &c.

Edit, portant création d'une Ecole royale militaire, *vérifié le 4 Mars.*

Déclaration, portant augmentation du droit rétabli par celle du 16 Février 1745, fur les Cartes à jouer, pour le produit en être appliqué à l'Hôtel de l'Ecole royale militaire, *vérifiée le 4 Mars.*

13 Janvier.

Arrêt du Parlement, qui condamne Nicolas Henry, Avocat à Verdun, à une réparation pour avoir infulté au Siége le Sieur Chevalier de Bruc, & l'interdit pour un mois.

13 Février.

Arrêt du Parlement, qui fait défenfes aux Juges de la Prévôté de Void, & à tous autres, de percevoir aucunes épices ni vacations pour les caufes d'audience qu'ils jugeront, même à l'extraordinaire, à peine de concuffion.

1 Mars.

Déclaration, en interprétation de l'Ordonnance du mois d'Août 1735, fur les teftamens, *vérifiée le 13 Mai.*

6 Mars.

Arrêt du Confeil, portant Réglement pour le recouvrement des droits d'amortiffement & de franc-fief.

13 Avril.

Arrêt du Confeil, qui fait défenfes à toutes perfonnes de vendre & expofer ou acheter à l'avenir aucunes barres, barretons, lingots & culots d'or & d'argent, qu'ils ne foient marqués du poinçon de ceux qui les auront fondus, fous peine de

30 Avril.

confifcation & de trois mille livres d'amende pour chacune contravention, &c. *régiftré le 24 Mai.*

3 Mai.   Arrêt du Parlement, qui enjoint aux Procureurs du Bailliage de Verdun, & à tous autres du reffort, de fe conformer à l'article 3 du titre 14 de l'Ordonnance de 1667, & aux réglemens de la Cour, &c.

8 Juin.   Arrêt du Parlement, qui permet à tous propriétaires & fermiers des Prés bas, fitués le long des rivieres & ruiffeaux qui ont été ou font reftés inondés durant la meilleure partie du printemps, d'en faucher & enlever l'herbe dans huitaine au plûtard, & ordonne qu'ils feront fermés à la pâture & mis en réferve, &c.

8 Juin.   Arrêt du Parlement, fervant de Réglement concernant les minutes des actes reçus par Didier Rouffel, Tabellion, & la publication des teftamens dans le reffort du Bailliage de Toul.

28 Juin.   Arrêt du Parlement, qui fait défenfes aux Procureurs du Bailliage de Verdun, & à tous autres, de mettre en groffe les défenfes, répliques à défenfes, ou autres actes, à peine d'interdiction & de cent livres d'amende, &c.

8 Juillet.   Arrêt du Parlement, qui ordonne que l'Edit du Roi du mois de Janvier 1681, fera exécuté felon fa forme & teneur; en conféquence, que tous les Religieux étrangers qui fe trouvent actuellement dans les Couvens de toute l'étendue de fon reffort, feront obligés de fortir du Royaume dans deux mois pour toute préfixion & délai, &c.

Arrêt du Confeil, qui déclare nulles & obreptices les provifions des Huiffiers-prifeurs-vendeurs de meubles de Metz.

25 Août.

Déclaration, portant qu'il ne pourra y avoir de partage dans les jugemens des Siéges Préfidiaux au premier chef de l'Edit du mois de Janvier 1551, lorfque l'un des avis excédera d'une feule voix, *régiftrée le 18 Janvier 1752.*

30 Septembre.

Arrêt du Confeil, qui ordonne que les Edits, Arrêts & Réglemens concernant la cueillette des paillolles d'or & d'argent feront exécutés felon leur forme & teneur, &c. *régiftré le 2 Décembre.*

9 Novembre.

Arrêt du Parlement, qui condamne Nicolas Georges, domeftique, à être attaché au carcan pendant trois jours de marché confécutifs, & aux galeres, &c. pour avoir maltraité fon maître.

26 Novembre.

Déclaration, en interprétation de l'Edit du mois de Novembre 1750, portant création d'une Nobleffe militaire, *vérifiée le 17 Août.*

22 Janvier.

Arrêt du Parlement, qui fait défenfes aux Officiers du Bailliage de permettre les faifies de piéces ès mains des Avocats, aux Procureurs de demander par requête ces permiffions, & aux

29 Février.

Huissiers d'interposer de pareilles saisies ; fait en outre défenses aux Procureurs de plaider les questions de droit & sur les appels.

29 Février. Arrêt du Parlement, concernant le corps des Marchands de Sedan, & réglemens de Police à ce sujet.

23 Mai. Lettres-patentes, qui ordonnent l'enrégistrement des Déclarations des 24 Février 1730, & 3 Septembre 1736, ensemble des Statuts y énoncés concernant la Chirurgie, *régistrées le 22 Juin.*

15 Juin. Arrêt du Parlement, qui condamne Pierre Damien, au carcan & au bannissement, pour imposteur.

26 Juillet. Arrêt du Parlement, qui condamne Nicolas Paquet au carcan & au fouet, &c. fait défenses aux Juges de Rodemack & à tous autres de prononcer des dépens en matiere criminelle, lorsqu'il n'y a point de partie civile, & de condamner les accusés au bannissement hors du Royaume, mais seulement de leur ressort : Enjoint au Greffier dudit lieu & à tous autres de n'envoyer, en matiere criminelle, au Greffe de la Cour, que les Grosses des informations & autres procédures secrettes, &c.

31 Juillet. Arrêt du Parlement, qui casse & annulle la Sentence rendue par les Officiers du Bailliage de l'Evêché de Metz à Vic, le 12 Juillet 1752, évocatoire de deux décrets poursuivis dans les hautes

Juſtices d'Attilloncourt & de Maizieres; leur fait défenſes & à tous autres d'en rendre de pareille à l'avenir, à peine de nullité, & d'en répondre en leurs purs & privés noms.

Arrêt du Parlement, qui permet à tous propriétaires & fermiers des Prés ſitués le long des rivieres & ruiſſeaux qui ont été ou ſont reſtés inondés, de les mettre en réſerve, & fermer à la pâture. *12 Août.*

Edit, portant réglement pour les gages des Offices réunis par des Edits particuliers & antérieurs à l'Edit du mois d'Avril 1749, *vérifié le 13 Novembre.* *Septembre.*

Déclaration, portant ceſſation du recouvrement de ce qui reſte à payer des finances ordonnées par les Édits de 1745, ſur différens Offices, *vérifiée le 13 Novembre.* *8 Septembre.*

Lettres-patentes ſur Arrêt, qui maintiennent le Parlement de Grenoble dans le droit d'inſtruire & de faire le procès en premiere inſtance aux Officiers des Maîtriſes particulieres de ſon reſſort, pour raiſon des délits dont le Grand-Maître des Eaux & Forêts n'auroit pas pris connoiſſance dans le cours de ſes viſites, *non envoyées à Metz.* *19 Novembre.*

Lettres-patentes ſur Arrêt, portant réglement pour les Offices des Notaires de la Ville de Metz, *régiſtrées le 27 Janvier 1753.* *19 Décembre.*

8 *Janvier.* ARRÊT du Parlement, qui enjoint aux Maires & habitans des Villages de son reffort, de faire couper & brûler les branches d'arbres, hayes & buiffons fur lefquelles il y a des nids de chenilles, à peine de cent livres d'amende, &c.

6 *Février.* Lettres-patentes, portant réglement pour la police des Prifons, *régiftrées le 5 Juillet.*

1 *Mars.* Déclaration, portant défenfes aux nouveaux convertis de vendre leurs biens fans permiffion, *régiftrée le 23 Juillet.*

20 *Mars.* Arrêt du Parlement, portant réglement & défenfes aux juges du reffort d'icelle, de permettre par de fimples décrets la contrainte par corps, & aux Huiffiers & Sergens de l'exercer contre qui ce puiffe être, fans condamnations précédentes, commandement & refus de payer.

27 *Mars.* Arrêt du Confeil, entre Meffieurs les Officiers du Parlement de Metz, ceux de l'Hôtel de Ville, & les Quartiers-jurés, Mefureurs de grains d'icelle, rendu contradictoirement le 27 Mars 1753, *régiftré le 17 Mai.*

3 *Mai.* Arrêt du Confeil, concernant les Effayeurs des Monnoyes.

9 *Mai.* Provifions du Gouvernement général des Evêchés de Metz & de Verdun, pour M. le Comte de Gifors, *régiftrées le 30 Juillet.*

Lettres

Lettres de retenue de fervice & d'appointemens des charges de Gouverneur général des Evêchés de Metz & Verdun, & de Gouverneur particulier des Ville & Citadelle de Metz, pour M. le Maréchal Duc de Belleifle, *régiftrées le 30 Juillet.*

9 Mai.

Arrêt du Parlement, qui fait défenfes à tous Juges inférieurs, autres que ceux du Bureau des Finances, de faire ni permettre aucunes ventes de biens échus au Roi par droit d'aubaine, confifcation, &c. Et aux Procureurs de faire paffer à l'audience, ou enrégiftrer en forme d'Arrêt contradictoire les tranfactions ou appointemens réglés entre les parties, dans les caufes concernant le Domaine, la Police & autres perfonnes privilégiées, fans en avoir préalablement communiqué aux Gens du Roi; leur fait pareillement défenfes d'intenter aucune action en juftice, fans un pouvoir par écrit; le tout fous les peines y portées.

26 Mai.

Arrêt du Parlement, qui fait défenfes à toutes perfonnes de donner à jouer, fous peine de cinq cens livres d'amende, & même de prifon.

5 Juin.

Lettres-patentes fur Arrêt, en interprétation de celui du 19 Décembre 1752, portant réglement pour les Offices de Notaires de la Ville de Metz; confirment les Officiers du Bureau des Finances de ladite Ville dans le droit qu'ils ont d'appofer les fcellés, & de procéder aux inventaires dans les cas d'aubaine, deshérence, batardife, confifcation & autres cas royaux, *régiftrées le 26 Juillet.*

19 Juin.

E

25 Juin. Arrêt du Parlement, qui enjoint aux Commiſſaires de Police de ſe conformer à l'Ordonnance dans les ſaiſies qu'ils feront.

25 Juin. Arrêt du Parlement, qui ordonne de faire des regains.

3 Septembre. Arrêt du Parlement, qui ordonne à tous Procureurs, Huiſſiers, Sergens royaux, Praticiens & autres, d'écrire correctement & en caracteres liſibles, ſous les peines y portées.

20 Novembre. Arrêt du Parlement, qui fait défenſes à tous Bouchers de cette Ville d'expoſer en vente ni débiter aucunes viandes ailleurs que dans les maiſons communément appellées maxels ou magées, ſous les peines y portées.

20 Décembre. Arrêt du Parlement, qui fait défenſes d'employer des grains propres à la ſubſiſtance humaine, à la fabrication de la Biere, Poudre & Amidon, juſqu'aux moiſſons.

1754.

15 Janvier. ARRÊT du Parlement, qui enjoint aux Maires & habitans des Villages de ſon reſſort, de faire couper & brûler les branches d'arbres, hayes & buiſſons ſur leſquelles il y a des nids de chenilles, à peine de cent livres d'amende, &c.

26 Janvier. Arrêt du Parlement, qui ordonne que l'Arrêt de Réglement du 4 Décembre 1717, ſera exécuté

felon fa forme & teneur, & en conféquence fait défenfes tant aux Juifs qu'aux Marchands & autres de prêter de l'argent, vendre ni délivrer à crédit aucuns bijoux, effets & marchandifes aux fils de famille majeurs ou mineurs, fous puiffance des peres & meres, tuteurs ou curateurs, à peine contre les contrevenans de perdre leurs deniers, &c.

Arrêt du Parlement, qui ordonne que tous les propriétaires de terres & feigneuries, fiefs & biens nobles fitués dans le Pays-meffin, feront tenus dans trois mois, pour toute préfixion & délai, de faire & prêter au Roi en la Cour Chambre des Comptes, les foi & hommages dus pour raifon defdites terres, & de fournir leurs aveux & dé-nombremens dans le délai d'un an.   *1 Avril.*

Lettres-patentes fur Arrêt, pour autorifer les Employés des Fermes de Lorraine & Barrois, à exercer leurs fonctions fur les terres de France, *régiftrées le 14 Novembre.*   *9 Avril.*

Sentence de la Maîtrife de Metz, qui fait dé-fenfes de couper ou arracher aucun may, bali-veaux ou brins de bois vert, ni d'en amener en cette Ville, même pendant l'octave de la Fête-Dieu, &c.   *29 Avril.*

Arrêt du Parlement Cour des Aydes, portant réglement fur la maniere de percevoir les droits   *19 Juillet.*

des marchandifes amenées en cette Ville par les Marchands forains.

31 Juillet. Arrêt du Parlement, qui juge qu'un Notaire n'eft pas garant des nullités d'un retrait exercé par fon miniftere.

20 Août. Déclaration, qui fixe les délais dans lefquels les Receveurs généraux des Finances, & les Receveurs particuliers doivent préfenter leurs comptes des impofitions ordinaires des années 1750, 1751, 1752 & 1753, *vérifiée le premier Octobre.*

2 Septembre. Déclaration, pour le rappel des Officiers du Parlement de Paris, qui prefcrit le filence fur les conteftations qui divifent l'Eglife de France, *non envoyée à Metz.*

16 Septembre. Déclaration, qui prefcrit l'ordre & la forme des comptes qui doivent être rendus des deniers provenans du Vingtiéme, & deux fols pour livre du Dixiéme; régle les remifes & taxations des Comptables, & fixe le temps dans lequel lefdits comptes doivent être préfentés aux Chambres des Comptes, *vérifiée le 7 Novembre.*

3 Novembre. Déclaration, qui fixe le temps auquel les Officiers des Maîtrifes des Eaux & Forêts jouiront des portions des quatorze deniers pour livre du prix des bois du Roi, qui leur ont été aliénés par Edit du mois de Février 1745, *vérifiée le 2 Janvier 1755.*

Arrêt du Parlement, portant nouveau réglement fur la maniere d'enfevelir les morts, & fur
le temps de leur enterrement.

3 Décembre.

Lettres-patentes fur Arrêt, qui ordonnent que
l'huile de pavots, dite d'œillet, fera mélangée
avec l'eſſence de thérébentine.

22 Décembre.

Déclaration, au fujet des fucceſſions mobiliaires
des fujets de Suéde, décédés en France, *vérifiée
le 7 Février 1755.*

24 Décembre.

ARRÊT du Parlement, qui enjoint aux Maires
& habitans des Villages de fon reſſort, de faire
couper & brûler les branches d'arbres, hayes &
buiſſons fur leſquelles il y a des nids des chenilles,
à peine de cent livres d'amende.

21 Janvier.

Arrêt du Parlement, qui fait défenfes à tous
Greffiers des Prévôtés, Bailliages, Préſidiaux &
de tous autres Siéges, même de la Cour, de rien
exiger pour les expéditions qui leur feront de-
mandées par M. le Procureur général ou fes
Subſtituts, lorfque ce fera pour l'intérêt du Roi,
& qu'ils agiront comme miniſtere public, à peine
de reſtitution du quadruple.

15 Mars.

Arrêt du Confeil, qui admet dans toutes les
Villes les Apprentifs qui auront leur Brevet dans
une Ville où il y a Jurande.

25 Mars.

1755.

1 Avril. Arrêt du Conseil, au sujet des comptes des Communautés des principautés de Sedan & Raucour.

15 Juillet. Arrêt du Parlement, qui prononce différentes condamnations contre plusieurs Praticiens de la terre de Gorze.

4 Septembre. Arrêt du Parlement, qui prononce des condamnations contre différens particuliers accusés de maquerellage.

Septembre. Edit, portant fixation des Offices des Chancelleries près les Cours & Conseils supérieurs du Royaume, *vérifié le 10 Novembre.*

8 Septembre. Déclaration, qui continue la perception des droits y énoncés, *régistrée le 10 Septembre 1756.*

24 Septembre. Arrêt du Parlement, qui rétablit la mémoire d'Hirtzel Lévy, Juif.

7 Octobre. Déclaration, concernant les gages intermédiaires & autres droits, *régistrée le 16 Septembre 1756.*

1756.

30 Mars. DÉCLARATION concernant les loix pénales contre les Contrebandiers, *régistrée le 14 Juin.*

15 Avril. Lettres-patentes qui ordonnent l'enrégistrement de la Déclaration du 14 Février 1737, qui régle la forme en laquelle les procurations pour résigner les bénéfices, doivent être faites, *régistrées le 17 Mai.*

Déclaration, qui régle la forme dans laquelle les Grands-maîtres & les Officiers des Eaux & Forêts doivent jouir des portions de quatorze deniers pour livre du prix des bois du Roi, qui leur ont été aliénés par Edit du mois de Février 1745, *régiſtrée le 24 Juillet.*

23 Mai.

Arrêt du Parlement, qui décharge les nommés André Derdinger, Cabaretier, Bourgeois de Sarrelouis, & Anne Barthel ſa femme, des condamnations prononcées contr'eux au Bailliage de Sarrelouis.

26 Mai.

Arrêt du Parlement, qui enjoint à ceux à qui les enfans de famille, domeſtiques, ou autres perſonnes ſuſpeCtes ſe préſenteront pour vendre des effets ou les mettre en gage, d'en avertir le Procureur du Roi; & fait au ſurplus réglement ſur l'inſtruCtion des matieres criminelles.

26 Mai.

Lettres-patentes ſur Arrêt, qui permettent au Parlement de Metz de continuer ſeul d'exercer toute juriſdiCtion concernant les Monnoies dans toute l'étendue de ſon reſſort, tant ancien que nouveau, *régiſtrées le 15 Juillet.*

20 Juin.

Déclaration, qui détermine l'époque de la ceſſation du Vingtiéme établi par Edit du mois de Mai 1749, & ordonne la levée d'un ſecond Vingtiéme, *régiſtrée le 16 Septembre.*

7 Juillet.

· Déclaration, qui proroge pendant dix années la levée des deux ſols pour livre en ſus du Dixiéme,

7 Juillet.

créés par Edit de Décembre 1746 ; & porte création de dix-huit cens mille livres de rentes héréditaires au denier vingt, fur le produit defdits deux fols pour livre du Dixiéme, *régiftréc le 16 Septembre.*

15 Juillet. Arrêt du Parlement Cour des Monnoyes, qui fait défenfes à tous Officiers des Hôtels de la Monnoye de Metz & de celle de Strasbourg, de faire aucunes fonctions, qu'ils n'ayent été reçus par la Cour, & ayent prêté ferment pardevant elle, &c.

28 Juillet. Arrêt du Parlement, qui condamne Me. Claude Vaultrot, Avocat en la Prévôté de Void, & Me. Michel Bron, Procureur en ladite Prévôté, à reftituer ce qu'ils ont reçu de trop pour façon & fignification de requête & acte.

7 Août. Arrêt du Parlement, concernant les Pêcheurs de poiffon.

7 Septembre. Lettres-patentes fur Arrêt du Confeil, qui ordonnent la tranflation de l'Office de Secrétaire du Roi en la Chancellerie près la Cour des Aydes de Montauban, en celle établie près le Parlement de Metz, *régiftrées le 23 Octobre.*

22 Novembre. Arrêt du Parlement en Réglement fur les fonctions des Notaires de fon reffort.

Décembre. Edit, portant création d'une Maîtrife des Eaux & Forêts à Phalsbourg, *régiftré le 17 Février 1757.*

LETTRES-PATENTES

LEttres-patentes fur Arrêt, qui ordonnent que, conformément à l'Arrêt du Confeil du 7 Avril 1749, les Officiers des Monnoyes auront feuls droit d'appofer des fcellés, & de procéder aux inventaires dans l'intérieur de leur Hôtel, *régiftrées le 17 Mars.*

15 Février.

Arrêt de la Cour de Parlement, portant défenfes aux Juges inférieurs d'accorder aucun paréatis pour diftraction de Souveraineté, fous les peines y portées.

15 Mars.

Arrêt du Parlement, portant réglement pour les Médecins, Chirurgiens, Apothicaires, Droguiftes & Matrones de la Ville de Metz & du reffort de la Cour.

22 Mars.

Lettres-patentes fur Arrêt, qui déchargent les Receveurs généraux des Domaines & Bois, de compter par état au vrai au Confeil, *régiftrées le 16 Mai.*

22 Mars.

Déclaration, qui défend aux nouveaux Convertis d'aliéner leurs immeubles fans permiffion, *régiftrée le 18 Août.*

1 Mai.

Déclaration, qui fixe les délais dans lefquels les Receveurs généraux des Finances & autres comptables, doivent compter du fecond Vingtiéme & des deux fols pour livre du Dixiéme, ordonnés être levés par les Déclarations du 7 Juillet 1756, de la même maniere portée par celle du 16 Sep-

8 Mai.

F

tembre 1754, & conjointement avec le premier Vingtiéme établi par Édit du mois de Mai 1749, *vérifiée le 10 Juin.*

4 Juin. Arrêt de la Cour Table de Marbre, qui condamne les nommés François Pernet, Dominique Mageolet, & Marc Nicaife dit Simon, voleurs & pilleurs de rivieres, aux peines y portées.

28 Juin. Lettres-patentes fur Arrêt, concernant le paraphe des Régiftres des Employés des Fermes, &c. *régiftrées le 17 Août 1758.*

1 Septembre. Arrêt du Parlement, qui fait défenfes de fabriquer des Eaux-de-vie de grains, de cérifes & de prunes, ou autres fruits.

9 Octobre. Lettres - patentes, qui ordonnent l'enrégiftrement au Parlement de Metz, de l'Edit du mois de Février 1755, portant fuppreffion des Offices de Procureurs du Roi, tant de Police que des Hôtels de Ville, & réunion de leurs fonctions aux Offices de Procureurs du Roi des Jurifdictions ordinaires, *régiftrées le 7 Novembre.*

15 Décembre. Arrêt du Parlement, qui ordonne l'arrachement des ceps & plans de vignes, appellés communément Gauts, Bourguignons, Liverduns, Saint Nicolas, Somirots & Gros-becs, enfemble ceux de raifins blancs, &c.

EDIT, portant fuppreſſion des Offices munici-
paux, créés & établis dans la Ville de Metz, par
Edit du mois de Décembre 1733, *régiſtré le 20
Février.*

Arrêt du Parlement Cour des Monnoyès, qui
fait défenſes à toutes perſonnes de quelque qualité
& condition qu'elles ſoient, ſous peine de trente
livres d'amende, payable par corps, de refuſer
en payement les piéces de vingt-quatre deniers,
fabriquées en vertu de l'Edit d'Octobre 1738 ſur
le pied de vingt-quatre deniers, dont l'un des
côtés portera quelque marque de leurs empreintes.

4 Février.

Arrêt du Conſeil, qui fait défenſes au Procureur du Roi de la Maîtriſe de percevoir des dépens.

21 Février.

Arrêt du Conſeil, qui ordonne que tous les
propriétaires qui couperont des bois en feront
des déclarations ſix mois auparavant.

1 Mars.

Arrêt du Parlement Chambre des Enquêtes
Tournelle, portant que les enquêtes & contre-
enquêtes ſeront cenſées commencées, lorſque
l'ordonnance du Commiſſaire pour aſſigner les
témoins, ſera priſe & ſignifiée à Procureur dans
le délai.

15 & 20 Mars.

Arrêt du Parlement, qui caſſe & annulle le Jugement rendu au Bureau des Finances le 21 Février dernier, au ſujet de l'exercice de la Haute-

8 Avril.

F 2

juſtice appartenante à l'Abbé de Saint Clément.

17 *Avril.* — Arrêt du Parlement, qui fixe les délais dans leſquels doivent être arrachés les ceps & plans de raiſins prohibés par l'Arrêt du 15 Décembre dernier.

19 *Juin.* — Arrêt du Parlement, concernant les regains.

12 *Juillet.* — Arrêt du Parlement Chambre des Comptes, rendu entre les Procureurs de la Cour & les Comptables.

31 *Juillet.* — Arrêt du Parlement Cour des Aydes, portant permiſſion d'établir un Bureau à Sarrebourg pour la perception des droits de marque des fers & aciers.

24 *Août.* — Déclaration, qui ordonne la perception des quatre ſols pour livre ſur les différentes eſpéces de Tabac, & ſuppreſſion du droit de deux ſols par livre péſant, ſur les Tabacs ficelés, accordés à l'Adjudicataire des Fermes générales, *régiſtrée le 23 Septembre.*

Août. — Edit, portant création d'un million effectif d'augmentation de gages au denier vingt, ſur les Offices déſignés en l'état annexé audit Edit, *régiſtré le premier Décembre.*

Août. — Edit, qui ordonne que pendant ſix années conſécutives, à commencer du premier Janvier 1759, il ſera payé au Roi un don gratuit par toutes les

Villes, Fauxbourgs & les Bourgs du Royaume, *régiſtré le 4 Décembre.*

Arrêt du Parlement, portant défenſes aux Com- | 18 Septembre.
miſſaires aux ſaiſies réelles, & à leurs Commis, de recevoir pour fermiers judiciaires, cautions ou certificateurs, les parties ſaiſies, & de les laiſſer auſdits cas, ou dans le cas de biens ſéqueſtrés, en poſſeſſion des biens ſaiſis, ſous les peines y portées.

Arrêt du Parlement Cour des Monnoyes, con- | 7 Octobre.
cernant ſa Juriſdiction.

Arrêt du Parlement, qui ordonne l'exécution | 20 Novembre.
de celui du premier Septembre 1757, concernant la fabrication & le commerce des Eaux-de-vie.

1759.

ARrêt du Parlement, qui fait défenſes au Rabin | 30 Janvier.
des Juifs de Metz, de prononcer la peine d'excommunication, & à ces derniers de la ſtipuler dans leurs compromis & autres actes, &c.

Lettres-patentes ſur Arrêt, concernant les deux | 13 Février.
ſols par livre péſant de Tabac ficelé, *régiſtrées le 10 Avril.*

Arrêt du Parlement, portant défenſes à tous | 12 Mai.
Avocats poſtulans ou Procureurs, à peine d'interdiction, de faire aſſigner pardevant le Juge d'appel des fermiers, locataires, &c. lorſqu'ils

auront déclaré judiciairement être prêts de se libérer, &c.

17 Avril. Déclaration, portant suspension de divers priviléges en ce qui concerne l'exemption de la taille, *régiftrée le 15 Juin.*

22 Juin. Arrêt du Parlement, portant réglement pour les salaires & vacations des Procureurs, Huissiers & Sergens ès Siéges royaux & Justices seigneuriales de son ressort.

22 Juin. Arrêt du Parlement, portant réglement pour la tenue des Parquets dans les Siéges royaux de son ressort.

8 Juillet. Déclaration, portant augmentation du tarif des ports de Lettres, *régiftrée le 4 Août.*

12 Juillet. Arrêt du Parlement, qui juge que les débiteurs par contrat de constitution, qui se sont soumis à payer les rentes des capitaux par eux empruntés, franches & quittes de toutes retenûes, ne peuvent retenir à leurs créanciers les Dixiéme, Vingtiéme ou autres impositions.

28 Juillet. Arrêt du Parlement Cour des Monnoyes, portant défenses à toutes personnes de donner, recevoir & exposer les espéces d'or, monnoyes de Prusse, nommées *Frédérics,* & les espéces monnoyes de Saxe, nommées *Augustes,* &c.

7 Août. Arrêt du Parlement Cour des Monnoyes, qui

confirme un jugement rendu par les Juges-gardes de la Monnoye de Metz, le 2 Décembre 1757.

Déclaration, portant réglement pour la perception des Dixmes novales, *régiſtrée le 5 Octobre.*   *28 Août.*

Edit, portant ſuppreſſion des Offices de Jurés vendeurs, Prud'hommes, Contrôleurs, Marqueurs, Lotiſſeurs & Déchargeurs de Cuirs, & autres ſous quelque nom que ce ſoit, ainſi que des droits à eux attribués, & établiſſement d'un droit unique dans tout le Royaume ſur les Cuirs tannés & apprêtés, *régiſtré le 12 Novembre.*   *Août.*

Arrêt du Parlement, concernant la vente du poiſon & la compoſition des remédes & drogues dans leſquels il doit entrer quelque eſpéce de poiſon, avec les défenſes y portées.   *17 Septembre.*

Lettres-patentes ſur Arrêt, qui commettent Etienne Somſoye, pour faire la Régie pour le compte du Roi, du droit établi ſur les Cuirs, par l'Edit du mois d'Août 1759, *régiſtrées le 8 Novembre.*   *24 Septembre.*

Lettres-patentes, par leſquelles le Roi en ordonnant que ſa vaiſſelle ſera portée à l'Hôtel des Monnoyes de Paris, pour y être convertie en eſpéces, fixe le prix de celle qui ſera portée volontairement par les particuliers aux autres Hôtels des Monnoyes du Royaume, *régiſtrées le 15 Novembre.*   *26 Octobre.*

1759.

28 Octobre. Lettres-patentes, concernant les Toiles de coton blanches, & les Toiles peintes & imprimées, *régiſtrées le 29 Novembre.*

11 Novembre. Lettres-patentes ſur Arrêt, concernant les vaiſſelles & ouvrages d'or, qui ſeront apportés dans les Hôtels des Monnoyes ; concernant auſſi les reconnoiſſances & les trois deniers par marc, attribués aux Officiers des Monnoyes, *régiſtrées le 27 Novembre.*

14 Décembre. Lettres-patentes, qui prorogent juſqu'au premier Mars prochain, le délai fixé par celles du mois d'Octobre 1759, & ordonnent que les vaiſſelles d'or & d'argent, & argenteries qui ſeront portées par tous les ſujets du Royaume, tant Eccléſiaſtiques que laïques, aux Hôtels des Monnoyes , y ſoient reçues & payées ſur le pied ſpécifié dans leſdites Lettres , & conformément au tarif arrêté le 5 Novembre dernier par la Cour des Monnoyes de Paris, *régiſtrées le 28 Décembre.*

17 Décembre. Arrêt du Parlement Chambre des Comptes, qui diſpenſe les émolumens des Officiers des États-majors des Villes & Places de guerre, de la retenue des Vingtiémes & deux ſols pour livre du Dixiéme.

1760.

24 Janvier. Arrêt du Parlement Cour des Monnoyes, concernant ſa Juriſdiction.

3 Février. Déclaration, portant établiſſement d'un Vingtiéme

tiéme ou fol pour livre en fus des droits des Fermes & autres, *régiftrée le 24 Avril.*

Lettres-patentes fur Arrêt, qui en confirmant   *5 Février.*
les Lettres-patentes du mois de Janvier 1719, ordonnent que les Monnoyeurs, Ajufteurs & Tail-
lereffes du Serment de France, & autres Officiers
des Monnoyes, feront & continueront d'être
exempts de la taille, ainfi que des corvées, *régiftrées le 24 Mai.*

Arrêt du Parlement Cour des Monnoyes, con-   *12 Février.*
cernant fa Jurifdiction.

Lettres-patentes fur Arrêt, qui ordonnent que   *25 Février.*
les peaux tannées & apprêtées, feront marquées
d'une feconde marque après leur entière perfec-
tion, & que le droit fera payé dans trois mois, à
compter de ladite marque, *régiftrées le 5 Mai.*

Lettres-patentes, qui prorogent jufqu'au pre-   *29 Février.*
mier Mai prochain, le délai fixé par celles du 14
Décembre 1759, pour le port des vaiffelles &
argenteries aux Hôtels des Monnoyes, *régiftrées le
29 Mars.*

Edit, portant fuppreffion de la Subvention gé-   *Février.*
nérale établie par l'Edit du mois de Septembre
dernier; & qui ordonne que pour en tenir lieu,
il fera payé un nouveau Vingtiéme avec augmentation de la Capitation, *régiftrée le 24 Avril.*

Arrêt du Parlement Chambre de la Tournelle,   *18 Mars.*
G

qui enjoint au Prévôt de Mangiennes de décréter les accufés & de les confronter les uns aux autres lorfqu'ils fe chargent. 2°. Défenfes au Procureur-fifcal de requérir aucuns dépens en matieres criminelles. 3°. Défenfes d'ordonner la faifie & l'annotation des biens des accufés détenus prifonniers. 4°. Enjoint au Greffier, en donnant lecture de la Sentence aux accufés, en préfence du Procureur-fifcal, de les interpeller s'ils appellent ou acquiefcent, & d'en faire mention au procès-verbal de lecture.

8 Avril. Déclaration, portant défenfes aux nouveaux convertis d'aliéner leurs biens fans permiffion, *régiftrée le 5 Mai.*

4 Mai. Lettres-patentes fur Arrêts, des 18 Juin 1743 & 4 Mai 1760, concernant la marque des piéces de mouchoirs ou fichus de foye, *régiftrées le 21 Juin.*

Mai. Edit, portant création de plufieurs charges de Barbiers - Perruquiers dans différentes Villes du Royaume, *régiftré le 15 Décembre.*

29 Juin. Lettres-patentes, concernant les droits & octrois municipaux, & impofitions municipales, *régiftrées le 2 Janvier 1761.*

5 Juillet. Arrêt du Parlement, qui permet de faire des regains.

22 Juillet. Arrêt du Parlement, qui autorife les Officiers du Bailliage de l'Evêché de Metz à Vic, à y rendre la juſtice pendant la régale, en prêtant ſerment.

Lettres-patentes ſur un traité conclu entre Sa Majeſté & le Roi de Sardaigne, avec ledit traité conclu à Turin le 24 Mars 1760, *régiſtrées le 11 Septembre.*　　　　　　　　　*24 Août.*

Arrêt du Parlement, concernant la vente du poiſon.　　　　　　　　　*17 Septembre.*

Déclaration, concernant les priviléges attribués aux Commenſaux de la Maiſon du Roi & autres, pour l'exemption de la taille perſonnelle, *régiſtrée le 6 Novembre.*　　　　*18 Septembre.*

Déclaration, portant réglement pour le payement des frais de juſtice dans les Maîtriſes des Eaux & Forêts, *régiſtrée le 2 Avril 1761.*　　　*24 Novembre.*

Arrêt du Parlement, qui juge que pluſieurs Communautés qui ſe ſont défendues enſemble, & qui ont ſuccombé, ſont ſolidaires pour les dépens.　　　　　　　　　*12 Décembre.*

1761.

Provisions de Gouverneur & Lieutenant général ès Evêchés de Metz & de Verdun, pour M. le Maréchal d'Eſtrées, *régiſtrées le 2 Avril.*　　　　　　　　　*30 Janvier.*

Arrêt du Parlement, qui fait défenſes aux Procureurs de ſe pourvoir contre les Ordonnances de la Cour qui les condamnent en des dommages & intérêts, faute de remiſes des ſacs des inſtances ou procès, lorſqu'ils auront été déboutés par　　　　*6 Avril.*

Arrêts contradictoires des oppositions formées aux contraintes ordinaires.

17 Avril. Lettres-patentes sur Arrêt, portant Réglement sur la perception des Octrois municipaux, *régistrées le 24 Août.*

23 Mai. Arrêt du Parlement, qui ordonne que les Seigneurs hauts-justiciers du reffort, auront des prisons en bon & suffisant état.

1 Juin. Réglemens concernant la Bibliothéque, les conférences & exercices rélatifs à la profession d'Avocat, dont l'établissement a été arrêté par délibération de l'Ordre du 22 Avril 1761, approuvée & homologuée par Arrêt du Parlement.

16 Juin. Déclaration, portant prorogation de l'Edit du mois de Février 1760, *régistrée le 24 Août.*

20 Juin. Déclaration, concernant l'exercice de la Chirurgie dans les maisons de l'Ordre de la Charité, *régistrée le 10 Septembre.*

28 Juillet. Arrêt du Parlement Table de Marbre, qui fait défenses à tous Seigneurs Eccléfiastiques & laïques d'affermer le droit de chaffe fur leurs terres & domaines, &c.

29 Juillet. Arrêt du Parlement, qui confirme & rend communs différens réglemens entre les corps des Marchands de cette Ville & les Fermiers de la Maltôte.

Déclaration, portant prorogation pour fix années des quatre fols pour livre des droits des fermes & autres droits, *régiftrée le 2 Septembre 1762.*

20 Octobre.

Arrêt du Parlement Chambre des Comptes, qui ordonne qu'à commencer du premier Janvier de la préfente année, les émolumens des Officiers des Etats-majors des Villes & Places de guerre, feront difpenfés de la retenue des vingtiémes & deux fols pour livre du dixiéme.

19 Novembre.

Arrêt du Parlement Chambre de la Tournelle, concernant les témoins qui doivent être appellés à la confeétion des teftamens, &c.

17 Décembre.

Arrêt du Parlement Cour des Monnoyes, qui défunit les Orfévres de Thionville d'avec les Maréchaux & autres métiers, fous le nom de la Confrairie de Saint Eloy ; & fait défenfes aux Orfévres de reconnoître pour le fait de l'Orfé-vrerie d'autres Juges que les Juges-gardes de la Monnoye de Metz.

31 Décembre.

Déclaration, qui régle les fonétions du Contrôleur des reftes, & fixe les délais dans lefquels les Comptables du reffort du Parlement doivent faire juger leurs comptes, *régiftrée le 18 Mars.*

15 Janvier.

Arrêt du Parlement, rendu au profit du corps

9 Février.

des Boulangers de la Ville de Metz, contre les Meûniers des Moulins de la même Ville, &c.

2 Mars. Arrêt du Parlement, qui ordonne aux Maires, Gens de Juſtice & habitans des Villes, Bourgs & Villages de ſon reſſort, de faire couper & brûler chaque année les nids de chenilles qui ſe trouveront attachés aux branches des arbres, hayes & buiſſons, ſous les peines y portées.

12 Mars. Déclaration, qui fixe les délais dans leſquels les Receveurs généraux des Finances & les Receveurs des tailles compteront de leur exercice des années 1758, 1759, 1760 & 1761, &c. *régiſtrée le 3 Juillet.*

7 Avril. Lettres-patentes, qui ordonnent l'enrégiſtrement de deux articles du Traité ou Paĉte de famille conclu entre le Roi & le Roi d'Eſpagne, le 15 Août 1761, *régiſtrées le 24 Mai.*

8 Avril. Lettres-patentes ſur Arrêt, qui ordonnent qu'à l'avenir les droits des Contrôleurs des reſtes ſeront payés par les Comptables, *régiſtrées le 11 Juillet.*

30 Avril. Arrêt du Parlement Cour des Aydes, qui fait défenſes au Régiſſeur des droits de la marque des Cuirs, & à tous autres, d'exiger aucuns droits de ſonie & d'entrée ſur les Cuirs & autres marchandiſes, lorſqu'il ne ſera queſtion que d'emprunter le territoire des Evêchés pour paſſer les

Cuirs d'une Ville de Lorraine dans une autre de la même domination.

Requifitoire & Arrêt du Parlement, rendu en conféquence, les Chambres & Sémeftres affemblés, contre les foi-difans Jefuites.   *28 Mai.*

Arrêt du Parlement, qui ordonne de faire des regains.   *15 Juin.*

Déclaration, concernant les gages intermédiaires, *régiftrées le 14 Avril 1763.*   *30 Juin.*

Déclaration, en interprétation de l'Edit du mois d'Août 1749, concernant les acquifitions des gens de main-morte, *régiftrée le 16 Septembre.*   *20 Juillet.*

Arrêt du Parlement, concernant les Moulins de la Ville de Metz.   *2 Août.*

Demande en profit de défaut de M. le Procureur général, fur l'appel comme d'abus des Conftitutions, &c. de la Société fe difant de Jefus.

Arrêt du Parlement, qui juge l'appel comme d'abus, interjetté par M. le Procureur général, des bulles, brefs, conftitutions & autres réglemens de la Société fe difant de Jefus; fait défenfes aux foi-difans Jefuites, & à tous autres, de porter l'habit de la Société, de vivre fous l'obéiffance au Général, & aux conftitutions de ladite Société, & d'entretenir aucune correfpondance directe ou indirecte avec le Général, &c.   *20 Septembre.*

25 Septembre. Arrêt du Parlement, qui nomme quatre Commiſſaires à l'effet de régler proviſoirement les difficultés qui pourroient ſurvenir, & les frais à faire pour l'exécution de l'Arrêt du 20 Septembre, qui juge l'appel comme d'abus de l'Inſtitut des ci-devant ſoi-diſans Jeſuites, &c.

1 Octobre. Arrêt du Parlement, qui ordonne la formule que les ci-devant ſoi-diſant Jeſuites doivent faire pour obtenir des penſions, & pour poſſéder quelques bénéfices.

13 Novembre. Arrêt du Parlement, portant nomination du Principal & des Profeſſeurs qui doivent compoſer le Collége de Metz.

30 Novembre. Lettres-patentes ſur Arrêt, qui confirme la répartition faite par l'Intendant d'Alſace, de l'impoſition des Milices Gardes-côtes en 1760, *régiſtrées le 12 Février 1763.*

1 Décembre. Arrêt du Parlement Chambre de la Tournelle, qui condamne Cerf Levy, Juif, à être battu, fuſtigé & au banniſſement, pour avoir caché dans la maiſon du nommé Solivaldt, des peaux dont il avoit enlevé la marque de la Régie des Cuirs, & avoir de ſuite averti les Employés de ladite Régie pour en faire la repriſe.

24 Décembre. Déclaration, concernant les priviléges accordés en fait de commerce, *régiſtrée le 17 Février 1763.*

ARRÊT

ARRÊT du Parlement, qui ordonne que les Prairies de son ressort seront mises en défenses au 25 Mars de chaque année. *13 Janvier.*

Edit, portant réglement pour les Colléges qui ne dépendent pas des Universités, *régistrée le 21 Avril.* *Février.*

Lettres-patentes, concernant l'administration d'une portion des biens de la Société & Compagnie des Jesuites, *régistrées le 21 Avril.* *2 Février.*

Déclaration, portant défenses aux nouveaux Convertis d'aliéner leurs biens sans permission, *régistrée le 18 Avril.* *12 Mars.*

Déclaration, portant défenses aux Corps & Communautés de Marchands & Artisans d'emprunter aucune somme, sans y avoir été autorisés par Lettres-patentes, *régistrée le 16 Août 1765.* *2 Avril.*

Arrêt du Parlement, qui soumet aux Principaux des Colléges de Metz, Verdun & Sedan, les Maîtres tenans des Ecoles particulieres pour la Langue latine dans lesdites Villes. *14 Avril.*

Arrêt de la Cour des Monnoyes, qui ordonne l'exécution de la Déclaration du Roi du 14 Décembre 1689, sous les peines y portées; En conséquence, fait défenses à tous Huissiers-priseurs, vendeurs de biens-meubles & autres, de vendre *14 Avril.*

H

publiquement à l'encan les argenteries & vaiffelles d'argent : Ordonne de les porter aux Hôtels des Monnoyes ou aux Changes les plus prochains, où la valeur en fera payée comptant, enfemble les huit deniers pour livre du prix d'icelles, fuivant l'Arrêt du Confeil d'Etat du Roi du 25 Août 1755.

21 Avril.

Arrêt du Parlement, concernant la propreté des rues.

Avril.

Edit, qui ordonne le dénombrement des biens-fonds du Royaume, & la prorogation provifoire d'une partie des impofitions, avec la ceffation du troifiéme Vingtiéme & des doublemens de la Capitation, *régiftré le 15 Septembre.*

24 Avril.

Déclaration, qui rétablit le Centiéme denier fur les immeubles fictifs, *régiftrée le 15 Septembre.*

28 Avril.

Arrêt du Parlement, rendu fur le procès-verbal de la Police générale tenue au Parlement le 26 Avril 1763, au fujet des Mendians & gens fans aveu, réfugiés dans la Ville de Metz.

3 Mai.

Arrêt du Parlement, concernant la maladie des Beftiaux, avec les remédes pour leur guérifon.

4 Mai.

Arrêt du Parlement Chambre de la Tournelle, qui condamne Marie-Jeanne Fontaine, femme de Nicolas Martin, à être renfermée à perpétuité dans une Maifon de force ou Hôpital, & Marie

Chenot au banniſſement pour neuf ans, pour in-
fraction de ban.

Arrêt du Parlement, concernant les Confrairies, Congrégations, Aſſociations & Fondations
non autoriſées.   *10 Mai.*

Déclaration, portant permiſſion de faire circuler les grains, farines & légumes dans toute
l'étendue du Royaume, en exemption de tous
droits, même ceux de péages, *régiſtrée le 7 Juillet.*   *25 Mai.*

Lettres de Juſſion au Parlement de Metz, concernant l'Edit du mois de Février, pour le réglement & adminiſtration des Colléges du Royaume,
régiſtrées le premier Octobre.   *3 Juin.*

Lettres-patentes, concernant la pourſuite des
biens vacans de la Société & Compagnie des Jeſuites, *régiſtrées le premier Août.*   *14 Juin.*

Arrêt du Parlement Cour des Monnoyes, qui
fait défenſes à Mathieu Beguin de faire aucunes
fonctions en l'Hôtel des Monnoyes de Strasbourg,
qu'il n'ait fait apparoir des proviſions de ſon
Office, reçu & prêté ſerment à la Cour, à peine
de faux.   *16 Juin.*

Arrêt du Parlement, qui condamne le nommé
Adam Stein, Marchand à Metz, d'être admo-
nêté, & en une aumône de cinquante livres, pour
monopole & exaction. Et qui fait défenſes, ſous   *21 Juin.*

les peines de droit, à tous Marchands de mettre un prix exorbitant à leurs marchandises.

22 *Juillet.* Lettres-patentes portant attribution au Parlement de Metz de toutes les contestations relatives à la succession de Jean-Chrétien Fischer, Brigadier des armées de Sa Majesté, *régistrées le 10 Septembre.*

29 *Juillet.* Arrêt du Parlement Cour des Monnoyes, portant réglement concernant l'Orfévrerie, & la fonte des matieres d'or & d'argent, & qui condamne Lion Moyse dit de Hambour, Juif, au bannissement, & en une amende pour fontes clandestines & autres malversations; interdit Joseph Nauroy de la maîtrise, & le condamne en une amende pour contravention aux statuts du corps, &c.

29 *Juillet.* Arrêt du Parlement Cour des Monnoyes, qui condamne François Bertrand, Huissier de Police & fermier de la Maltôte de la Place saint Jacques, & Anne Bertrand sa femme, d'être admonêtés pour manœuvres dans la perception & exposition des piéces de monnoyes; fait défenses à toutes personnes de faire des amas, recherches, trafic & change des espéces de France ayant cours.

10 *Septembre.* Arrêt du Parlement Chambre de la Tournelle, Cour des Aydes, portant réglement sur la perception des droits auxquels peuvent être assujettis les bois de chauffage qui entreront à Metz.

Déclaration, concernant le Cadaftre général, la liquidation & le rembourfement des dettes de l'Etat, *régiftrée le 2 Janvier 1764.*

Lettres-patentes, portant réglement au fujet des prétentions refpectives entre les Adminiftrateurs des Colléges ci-devant deffervis par la Compagnie & Société des Jefuites, & les Syndics des créanciers de ladite Société, *régiftrées le premier Mars 1764.*   21 Novembre.

Lettres-patentes, portant réglement fur les réparations des bâtimens & lieux dépendans des bénéfices unis aux Colléges, ou autres établiffemens qui étoient deffervis par la Compagnie & Société des Jefuites, *régiftrées le premier Mars 1764.*   21 Novembre.

Lettres-patentes fur Arrêt, portant réglement fur la maniere de procéder aux effais des matieres d'or & d'argent, *régiftrées le 9 Avril 1764.*   5 Décembre.

Arrêt du Parlement, qui fait défenfes de mettre à exécution une Ordonnance du Grand-Maître des Eaux & Forêts du Département, du 20 Octobre dernier, de faire ufage pour la pêche d'aucuns filets, engins, & inftrumens prohibés par les Ordonnances, fous les peines y portées.   10 Décembre.

Arrêt du Parlement, qui juge que les tribunaux ordinaires peuvent connoître de la réparation d'une injure, quoique commife rélativement, ou dans des affaires pendantes dans des tribunaux extraordinaires.   13 Décembre.

1763.

21 Décembre. Déclaration, qui ordonne .qu'à l'avenir les Receveurs généraux des Domaines feront tenus de préfenter les comptes de leur maniement trois ans après l'année de leur exercice expirée, *régiftrée le 28 Mai 1764.*

1764.

23 Janvier. LETTRES-PATENTES fur Arrêts, concernant un emprunt fait par le Roi fur les différens Corps Eccléfiaftiques & Laïques de l'Alface, *régiftrées le premier Mars.*

8 Février. Lettres-patentes, concernant le recouvrement des revenus des Bénéfices unis aux établiffemens de la Compagnie & Société des Jefuites, *régiftrées le 13 Avril.*

9 Février. Acte de notoriété, portant qu'il eft d'ufage au Parlement & dans fon reffort, de ne pas faire homologuer les contrats d'union lorfque tous les créanciers y ont confenti.

11 Février. Déclaration, concernant les Octrois & autres droits dont jouiffent les Corps, Pays d'Etats, Villes, Bourgs, Colléges, Communautés, Hôpitaux, Maifons de charité, Communautés d'arts & métiers, & autres, *régiftrée le 12 Mars.*

5 Mars. Lettres-patentes en forme de Déclaration interprétative de celle du 25 Mai 1763, qui permet la libre circulation des grains dans l'intérieur du Royaume, *régiftrées le 22 Juin.*

Arrêt du Parlement, qui autorife Meffieurs les Commiffaires par elle députés, à fe faire repré-fenter tous les rôles d'impofitions, recettes, ré-giftres & comptes qui peuvent avoir rapport aux droits & impofitions qui fe levent dans toute l'étendue de fon reffort.

8 Mars.

Lettres-patentes fur Arrêt, qui ordonnent que celui du 5 Décembre 1763, concernant les effais des matieres d'or & d'argent, fera exécuté par tous les Orfévres du Royaume, *régiftrées le 14 Mai.*

19 Mars.

Déclaration, qui ordonne qu'à l'avenir & à commencer du département qui fera fait pour l'année prochaine 1765, les rôles des Tailles & autres impofitions acceffoires, enfemble les pre-mieres contraintes demeureront exemptes des droits de contrôle, papier timbré & petit-fcel, *régiftrée le 21 Mai.*

29 Mars.

Lettres-patentes interprétatives de celles des 14 Juin & 21 Novembre 1763, concernant les Colléges & établiffemens qui étoient deffervis par la Compagnie & Société des Jefuites, *régiftrées le premier Juin.*

30 Mars.

Arrêts du Parlement rendus en interprétation de celui du 8 Mars dernier, concernant la repréfentation des régiftres, &c.

2 Avril & 3 Mai.

Déclaration, portant réglement pour les plombs

7 Avril.

des Toiles de coton, les Toiles lin, de chanvre, & de coton, peintes ou imprimées, venant de l'étranger, *vérifiée & régiſtrée le 31 Juillet.*

17 Mai. Arrêt du Parlement, qui fait défenſes à tous Juges du reſſort de la Cour, de plus à l'avenir, dans aucuns cas ni ſur aucune demande, prononcer hors de cour ni hors de cauſe.

Mai. Lettres-patentes confirmatives de priviléges, & portant exemption du droit d'aubaine en faveur des habitans d'Aix-la-Chapelle, *régiſtrées le 26 Avril 1768.*

14 Juin. Déclaration, qui permet à tous Seigneurs & propriétaires de marais, palus, & terres inondés, d'en faire les deſſéchemens, vérification préalablement faite de l'état & conſiſtance deſdits terrains, *régiſtrée le 20 Août.*

7 Juillet. Lettres-patentes ſur Arrêt, concernant le payement des revenus attribués à différens Colléges, & compris dans les états du Roi, *régiſtrées le 27 Août.*

Juillet. Edit, concernant la liberté de la ſortie & de l'entrée des Grains dans le Royaume, *régiſtré le 29 Novembre.*

13 Juillet. Déclaration, portant ſuſpenſion de divers priviléges d'exemption de Taille, *régiſtrée le 10 Décembre.*

Lettres-patentes

Lettres-patentes, concernant l'exécution de l'article premier de la Déclaration du 21 Novembre 1763, *régiſtrées le 28 Décembre.*

17 Juillet.

Déclaration, qui détermine dans quels délais les Tréſoriers, Receveurs & Payeurs des gages feront tenus de préſenter les comptes qui leur reſtent à rendre, tant de leurs exercices, que des retenues par eux faites, & les décharge des amendes & intérêts auſquels ils pourroient avoir été condamnés, *régiſtrée le 17 Septembre.*

21 Juillet.

Déclaration, concernant les vagabonds & gens ſans aveu, *régiſtrée le premier Avril 1765.*

3 Août.

Déclaration, qui ordonne que les Cuirs & Peaux fabriqués en Lorraine & Barrois, marqués de la marque de ces deux Duchés, ainſi que les ouvrages en cuir, façonnés dans leſdites Provinces, pourront circuler dans le Royaume ſans payer aucun droit, *régiſtrée le 10 Décembre.*

8 Août.

Edit, portant ſuppreſſion des Offices de Préſidens des Préſidiaux, *régiſtrée le 29 Novembre.*

Août.

Déclaration, concernant les droits ſur les Cuirs, appartenans aux Villes de Metz & de Verdun, *régiſtrée le 10 Décembre.*

26 Octobre.

Arrêt du Parlement, par lequel il eſt pourvu à l'adminiſtration de la Juſtice, au nom du Roi, dans les terres & ſeigneuries dépendantes des

5 Novembre.

domaines des Abbayes royales de Gorze, & de Saint Vincent de Metz, pendant la vacance deſdites Abbayes.

6 Novembre.

Arrêt du Parlement, qui fait défenſes aux Religieux Prémontrés de Saint Paul de Verdun, aux habitans & communauté de Charny, & à tous autres, de mettre à exécution l'Arrêt du Grand Conſeil du 21 Juillet dernier, en ce qui touche l'aſſemblée ordonnée par icelui.

Novembre.

Edit, portant qu'à l'avenir la Société des Jeſuites n'aura plus lieu dans le Royaume, *régiſtrée le 10 Décembre.*

7 Novembre.

Lettres-patentes, qui fixent les droits de ſortie & d'entrée ſur les grains, & qui permettent la circulation & ſortie de toutes eſpéces de graines, en payant les droits y mentionnés, *régiſtrées le 22 Janvier 1765.*

1 Décembre.

Déclaration, qui fait défenſes de ſtipuler à l'avenir dans aucuns contrats, actes ni jugemens portant intérêts, qui ſeront paſſés ou rendus dans le Pays-meſſin & les Trois-Evêchés, la clauſe d'exemption des retenues des vingtiémes, & deux ſols pour livre du dixiéme, *régiſtrée le 24 Décembre.*

10 Décembre.

Arrêt du Parlement Table de Marbre, qui ordonne que l'aſſiette des coupes ordinaires des bois, leur délivrance, marque & recollement, feront faits par les Officiers des lieux, conformément à l'article 9 du titre 25 de l'Ordonnance de 1669, &c.

Déclaration, qui fixe les délais de la préfentation des comptes des Receveurs généraux des domaines & bois, *régiftrée le 16 Août 1765.*   *30 Décembre.*

                               1765.

L Ettres-patentes fur Arrêt, qui permettent aux habitans de la Campagne, & à ceux des lieux où il n'y a point de Communauté, de fabriquer des Etoffes fuivant les difpofitions des réglemens, *régiftrée le 25 Novembre.*   *13 Février.*

Arrêt du Parlement, qui fait défenfes à toutes perfonnes d'engager aucuns fujets du Roi, pour former des établiffemens en pays étrangers fans la permiffion de Sa Majefté, &c.   *16 Février.*

Arrêt du Parlement Table de Marbre, qui condamne le nommé Nicolas Weber au carcan & au banniffement, pour excès commis fur un Garde.   *13 Mars.*

Arrêt du Parlement, qui fait défenfes de changer l'heure des Meffes paroiffiales, excepté dans les temps de fenaifon, moiffon & vendanges; & prefcrit la forme dans laquelle les Huiffiers &   *16 Mars.*

Sergens doivent faire les criées dans lefdits temps.

18 Mars. Arrêt du Parlement, qui fupprime un imprimé ayant pour titre, Conftitution de Notre Très-Saint Pere, concernant l'Inftitut de la Compagnie de Jefus, &c.

25 Mars. Déclaration, concernant le droit de fret fur les Vaiffeaux étrangers, *régiftrée le 16 Août.*

Mars. Edit, qui permet à toutes perfonnes de fairé librement le commerce en gros, excepté les titulaires & revêtus de charges de Magiftrature, *régiftré le 16 Août.*

1 Avril. Arrêt du Parlement, qui fait défenfes à tous Huiffiers, Sergens & à tous autres de mettre à exécution aucun décret, &c. émanés des Juges de Lorraine, fous les peines de droit; & que les paréatis qu'il accordera ne pourront être mis à exécution que par les Huiffiers de la Cour ou autres par elle à ce commis, le tout fous le bon plaifir du Roi.

17 Avril. Arrêt du Parlement, fervant de réglement pour les avances & vacations des Procureurs & l'hypothéque d'icelles.

18 Mai. Arrêt du Confeil, qui proroge en faveur du Clergé jufqu'au dernier Décembre 1770, les délais accordés par différentes Déclarations &

Arrêts du Conseil, au sujet des foi & hommages, aveux & dénombremens.

Arrêt du Parlement, contre les Huissiers de la Cour, faute de baguette.   *6 Juin.*

Arrêt du Parlement, qui ordonne de faire des regains.   *18 Juin.*

Déclaration, contenant réglement pour l'exécution de l'Edit dudit mois de Juin, *régistrée le 16 Août.*   *21 Juin.*

Arrêt du Parlement, qui ordonne que tous les papiers & peaux timbrés de mauvaise qualité, seront cancellés & déposés au Greffe de la Cour, &c.   *22 Juin.*

Lettres-patentes sur Arrêt, qui ordonnent que Julien Alaterre sera mis en possession de la régie & perception pour le compte du Roi, des droits réunis, *régistrées le 16 Août.*   *26 Juin.*

Edit, contenant réglement pour l'administration des Villes & Bourgs, *régistré le 16 Août.*   *Juin.*

Lettres-patentes en forme d'Edit, portant que les habitans des Isles sous la domination de l'Ordre de Malthe, seront tenus pour régnicoles dans le Royaume de France, *régistrées le 19 Août.*   *Juin.*

Déclaration en interprétation de l'Edit du mois   *11 Juillet.*

d'Août 1764, portant suppreſſion des Offices de Préſidens des Préſidiaux, *régiſtrée le 21 Juillet 1767.*

27 Juillet. Lettres-patentes en forme de Déclaration, concernant les Oſtrois municipaux, *régiſtrées le premier Septembre 1766.*

31 Juillet. Lettres-patentes ſur Arrêt, qui ſuppriment les Offices des Gardes généraux des Maîtriſes du Département de Metz; ordonnent l'établiſſement de trois autres Gardes généraux par commiſſion; & ordonnent le rembourſement des finances deſdits Offices, *régiſtrées le 19 Septembre.*

16 Acût. Arrêt du Parlement, qui homologue les Statuts des Bonnetiers de Vic.

24 Septembre. Arrêt du Parlement Chambre de la Tournelle, qui condamne Jean-Baptiſte Huſſon, Maire & Subdélégué à Sedan, à être ſévérement repris, blamé & réprimandé; en quinze mille livres d'amende, & en vingt-cinq mille livres de reſtitution envers le Roi, pour exaſtions, concuſſions monopoles, malverſations & prévarications.

12 Novembre. Ordonnance du Bureau des Finances, qui fait défenſes à tous Comptables de payer aucunes parties compriſes ès états du Roi, qu'aux perſonnes y employées en leurs noms, & ſans qu'il leur ſoit apparu des Lettres d'attache du Bureau; enjoint d'informer du décès des parties prenantes.

Arrêt du Parlement, qui ordonne que tous Officiers municipaux & de Ville, feront tenus de rapporter un certificat de catholicité avant de pouvoir être admis à prêter ferment pour être inftallés & exercer leurs fonctions.

21 Novembre.

Lettres-patentes, portant établiſſement d'une Commiſſion à Reims pour juger les Contrebandiers, Faux-fauniers & autres, *régiſtrées le 30 Décembre.*

21 Novembre.

Arrêt du Parlement, contre les Commiſſaires de la Police de Metz, pour prévarication & exaction.

19 Décembre.

Arrêt du Conſeil, concernant les intérêts des reconnoiſſances données en échange des papiers du Canada, & qui fixe les délais pour achever la liquidation defdits papiers.

29 Décembre.

SENTENCE de la Jurifdiction des Traites, Fermes & droits du Roi à Metz, fur la fourniture des papiers & parchemins de formule.

23 Janvier.

Arrêt du Conſeil, qui permet dans toute l'étendue du Royaume, de fabriquer des porcelaines à l'imitation de la Chine, tant en blanc que peintes en bleu & blanc, & en camayeu d'une feule couleur ; & qui confirme les priviléges de la Manufacture royale de porcelaine de France.

15 Février.

1766.

27 Février. Déclaration, qui fixe les délais dans lesquels les Receveurs généraux des Finances & les Receveurs des Tailles compteront de leurs exercices des années 1762, 1763, 1764 & 1765, *régiſtrée le 27 Mai.*

28 Février. Arrêt du Conseil, qui accorde à tous les habitans de la Campagne la permiſſion de fabriquer des Toiles de lin, de chanvre & de coton, & toutes Etoffes de laine & de ſoye, ainſi que de Bonneterie & Chapellerie.

11 Mars. Déclaration, qui fixe définitivement les délais accordés pour la repréſentation des titres en exécution de l'Edit de Décembre 1764, *non enrégiſtrée.*

14 Mars. Ordonnance du Bureau des Finances, pour la couverture des ouvertures ſaillantes des entrées de cave.

14 Mars. Arrêt du Conseil, qui ordonne que toutes les étoffes de coton, connues ſous le nom de Velours de coton, & toutes autres eſpéces d'étoffes de coton, ſeront regardées comme Cotonades, & jouiront des exemptions portées par l'article 6 de l'Arrêt du Conseil du 19 Juillet 1760.

24 Mars. Arrêt du Conseil, qui ordonne que les Lettres de change tirées de la Martinique en 1763, & ſubſtituées à celles de 1759, ſeront converties

en

en reconnoiſſances du Sieur de Vaudeſir, Tréſo-
rier général des Colonies.

Lettres-patentes, portant confirmation du Col-   10 Avril,
lége de Verdun, *régiſtrées le 17 Mai.*

Déclaration , portant défenſes aux nouveaux   15 Avril.
Convertis d'aliéner leurs biens ſans permiſſion,
régiſtrée le 16 Juin.

Lettres-patentes ſur Arrêt, concernant le ſe-   24 Avril.
cond don gratuit de la Ville de Verdun, *régiſ-*
trées le 16 Juin.

Déclaration , portant réglement pour la comp-   4 Mai,
tabilité & les pourſuites du Contrôleur général
des reſtes, & amniſtie en faveur des Comptables,
régiſtrée le 9 Décembre.

Arrêt du Conſeil, concernant le payement des   4 Mai.
Lettres de change de la Louiſianne , des exercices
1763 , 1764 & 1765 , & de celles de Cayenne
de 1764 & 1765.

Déclaration, qui ordonne qu'il ne ſera pourvu   4 Mai.
qu'à vie aux Offices de Gouverneurs & Lieutenans de Roi, créés dans les Villes cloſes, par
Edit de Novembre 1733 , & que l'emploi de
leurs gages ou appointemens ſoit fait dans les
états de l'ordinaire des guerres.

Arrêt du Conſeil, qui ordonne que les bois de   9 Mai.
teinture venant de l'étranger, payeront à toutes

K

les entrées du Royaume quarante fols par quintal, que ceux qui feront tranfportés dans les différentes Provinces du Royaume feront exempts de tous droits de Traites; & que ceux qui fortiront pour l'étranger payeront uniformément à toutes les forties du Royaume douze fols du quintal.

9 Mai. Arrêt du Confeil, qui commet le Sieur Molerat d'Humberville pour figner le troifiéme coupon des reconnoiffances pour le payement de la liquidation des papiers du Canada.

9 Mai. Arrêt du Confeil, qui ordonne que les propriétaires Anglois des papiers du Canada feront admis à la liquidation ordonnée par les Arrêts du Confeil des 15 Décembre, Juin & 2 Juillet 1764, & qui en régle les formalités, avec la convention pour ladite liquidation entre le Roi & l'Angleterre.

16 Mai. Déclaration, concernant les poids & mefures, *régiftrée le 28 Août.*

28 Mai. Arrêt du Confeil, qui fans s'arrêter au Jugement du Bureau des Finances de Metz, du 4 Août 1764, l'Arrêt du Confeil qui confirme le droit de Péage au Pont de Domangeville, Lettres-patentes & Arrêt du Parlement de Metz, du 5 Août 1758, 14 & 29 Avril 1766, feront exécutés felon leur forme & teneur.

29 Mai. Lettres-patentes, contenant le réglement fur

la régie & perception du droit fur les Cuirs &
Peaux, établi par l'Edit d'Août 1759, *régiftrées
le 21 Janvier 1767.*

Arrêt du Confeil, concernant les Gouverneurs
& Lieutenans de Roi dans les Villes clofes. *1 Juin.*

Arrêt du Parlement, portant nouveau réglement fur la police qui doit être obfervée dans les
cas d'incendie, auquel eft ajouté les difpofitions
de l'Arrêt de 1733, concernant les précautions
à prendre contre les incendies, & les fecours à
y apporter. *6 Juin.*

Edit, portant qu'à l'avenir le denier de l'intérêt de l'argent fera fixé au denier vingt-cinq, *régiftré le 15 Juillet.* *Juin.*

Déclaration, qui fixe un délai pour le Contrôle
des promeffes de paffer contrats faits avant le 30
Juin 1766, à un denier plus fort que le denier
vingt-cinq, & difpenfe des frais les porteurs defdites promeffes, *régiftrée le 15 dudit mois.* *1 Juillet.*

Edit, concernant les priviléges d'exemption de
tailles, *régiftré le 27 Août 1767.* *Juillet.*

Lettres-patentes fur Arrêt, portant permiffion
de ftipuler dans les contrats de conftitution au
denier vingt-cinq, l'exemption de la retenue des
impofitions royales, *régiftrées le premier Octobre.* *17 Juillet.*

Arrêt du Confeil, rendu en interprétation de *22 Juillet.*

la Déclaration du premier Juillet 1766, concernant le Contrôle des actes sous signature privée, portant constitution de rentes au-dessus du denier vingt-cinq, qui contiendroient d'autres dispositions principales.

27 Juillet. Lettres-patentes en forme de Déclaration, concernant les Octrois municipaux, *régistrées le premier Septembre.*

1 Août. Arrêt du Conseil, qui ordonne que les billets de monnoye, lettres de change & titres de créances du Canada, de propriété Angloise, seront admis à la liquidation ordonnée par Arrêt du Conseil du 15 Décembre 1764, après que les formalités prescrites, tant par la convention du 29 Mars dernier que par ledit Arrêt, auront été observées.

13 Août. Déclaration, qui accorde des encouragemens à ceux qui défricheront les landes & terres incultes, *régistrée le 18 Septembre.*

13 Août. Arrêt du Conseil, qui permet aux Fabricans de la Draperie de Sedan de fabriquer des draps dans la largeur de neuf huit, & de deux qualités différentes.

19 Août. Arrêt du Parlement, portant réglement sur la police du service des serviteurs & domestiques.

10 Septembre. Arrêt du Conseil, qui ordonne que les bois feuillards ou cercles à relier futailles, pourront à l'avenir ſortir à l'étranger, en payant à toutes les ſorties du Royaume dix-huit ſols le millier en nombre tant grands que petits & moyens, & cinq ſols trois deniers à toutes les entrées.

Arrêt du Conſeil, qui ordonne qu'il ne ſera payé aucun droit de Contrôle pour tous les actes & contrats qui auront pour objet des rentes ou effets de la nature & qualité déſignée par l'Edit du mois de Décembre 1764, & que ceux d'inſinuation de donations ou legs deſdites rentes ou effets continueront d'être perçus comme par le paſſé, en conformité du tarif du 9 Septembre 1722.   *10 Septembre.*

Arrêts du Parlement, portant réglement ſur les droits & fonctions du Commiſſaire aux ſaiſies réelles.   *18 Septembre.*
&
15 Décembre.

Lettres-patentes ſur une Déclaration convenue entre le Roi & le Duc des Deux-ponts, pour l'exemption reſpective du droit d'Aubaine, entre les ſujets de Sa Majeſté & ceux de ce Prince, *régiſtrées le premier Décembre.*   *20 Septembre.*

Arrêt du Parlement, qui ordonne l'exécution des Déclarations des 25 Septembre 1764 & 26 Février 1742, portant défenſes aux Tailleurs de faire des boutons d'étoffe, & à toutes perſonnes d'en porter ſur leurs habits.   *22 Septembre.*

Arrêt du Conſeil, qui caſſe & annulle le Juge-   *30 Septembre.*

ment de la Table de Marbre contre la Communauté d'Oron, du 14 Juin 1766, & ordonne que la Sentence rendue en la Maîtrise de Metz le 17 Avril précédent, sera exécutée selon sa forme & teneur.

2 Octobre. Arrêt du Conseil, rendu en interprétation de la Déclaration du 13 Août 1766, concernant les priviléges & exemptions accordés à ceux qui entreprendront de défricher des landes & terres incultes.

30 Octobre. Lettres-patentes sur une Convention conclue entre le Roi & l'Impératrice Douairiere, Reine de Hongrie & de Bohême, pour l'abolition réciproque du droit d'aubaine & de celui de retrocession entre les sujets respectifs de France & d'Autriche, *régistrées le premier Décembre.*

4 Novembre. Arrêt du Conseil, qui ordonne la saisie & confiscation dans toute l'étendue du Royaume, avec l'amende & autres peines, des mousselines & toiles de coton blanches qui se trouveront à l'avenir marquées soit des plombs & bulletins contrefaits de la Compagnie des Indes, soit des plombs contrefaits réapposés.

29 Novembre Arrêt du Conseil, concernant les créanciers du Munitionnaire d'Italie.

1 Décembre. Arrêt du Parlement, portant réglement au sujet des usines qui existent sur les eaux pendant la sécheresse.

Arrêt du Conseil, qui ordonne qu'à l'avenir les Tontisses & papiers Tontisses qui viendront de l'étranger, payeront à toutes les entrées du royaume vingt livres par quintal poids de marc, & que celles qui sortiront à l'étranger ne payeront pour tous droits que vingt sols pour cent aussi du quintal.

1766.

1 Décembre.

Arrêt du Conseil, qui fixe définitivement les termes de la liquidation des papiers du Canada de propriété Britannique.

15 Décembre.

1767.

ARRÊT du Parlement, qui juge que les scellés doivent être levés par celui qui les a apposés, & qu'il doit se servir du sceau du Siége.

3 Janvier.

Déclaration, portant prorogation pour six années de plusieurs droits faisant partie des Fermes générales, *régistrée le 11 Juin.*

8 Janvier.

Lettres-patentes sur un article séparé, conclu entre le Roi & l'Electeur Palatin, pour l'exemption réciproque du droit d'aubaine, entre les sujets de Sa Majesté & ceux de ce Prince, *régistrées le 28 Juillet.*

15 Janvier.

Arrêt du Conseil, qui fixe les droits d'entrée des Martres zibelines.

19 Janvier.

Arrêt du Parlement, qui ordonne que pour la perception des droits de sceau & de tabellionage dans les lieux anciennement dépendans du Mar-

21 Janvier.

quifat de Nomeny, le Fermier général de Lorraine
fera tenu d'établir dans huitaine des Bureaux dans
le reffort de la Cour, avec défenfes à toutes perfonnes d'aller acquitter lefdits droits hors du
reffort.

14 Février.   Arrêt du Parlement, qui leve les défenfes portées par celui du premier Décembre 1766, au
fujet des ufuines fur les eaux & rivieres.

2 Mars.   Arrêt du Parlement, qui ordonne aux Maires,
Gens de Juftice & habitans des Villes, Bourgs &
Villages de fon reffort, de faire couper & brûler
chaque année les nids de chenilles qui fe trouveront attachés aux branches des arbres, hayes &
buiffons, fous les peines y portées.

9 Mars.   Arrêt du Parlement, qui ordonne l'envoi & le
dépôt des poids & mefures dans les Bailliages de
Metz & de Sedan, & prefcrit les précautions.
pour leur confervation, en exécution de la Déclaration du 16 Mai 1766.

10 Mars.   Lettres-patentes, qui levent, en ce qui concerne
les Abbayes de Saint Germain-des-Prés, du Bec,
de Chaalis & de Gorze, la furféance portée par
la Déclaration du 20 Février 1725; en conféquence, permettent la pourfuite des procès nés
& à naître pour raifon des biens & droits dépendans defdites Abbayes, *régiftrées le 22 Juin.*

17 Mars.   Déclaration , portant prorogation jufqu'au
dernier

dernier Septembre 1774, des quatre fols pour
livre fur le Tabac, établis par celle du 24 Août
1758, *régiſtrée le 16 Juin.*

Arrêt du Parlement, concernant les proviſions
fous ſimple ſignature des Bénéfices en Cour de
Rome.
24 Mars.

Arrêt du Parlement, qui renouvelle les défenſes
à tous Procureurs & Notaires de faire aêtes de
Notaire dans les cauſes & affaires où ils auront
occupé en qualité de Procureur, & de poſtuler
comme Procureur en celles où ils auront fait
office de Notaire.
30 Mars.

Edit, concernant les arts & métiers, *régiſtré le
17 Août.*
Mars.

Arrêt du Conſeil, concernant les entrées de
chairs ſalées.
8 Avril.

Arrêt du Conſeil, concernant les entrées de
l'alquifoux.
13 Avril.

Arrêt du Parlement ſur l'exécution de l'Edit
du mois de Novembre 1764, concernant les ci-
devant ſoi-diſans Jeſuites.
12 Juin.

Edit, portant création d'un Bailliage royal dans
la Ville d'Yvoy-Carignan, *régiſtré le 28 Juillet.*
Juin.

Edit, qui ordonne la levée & perception du
ſecond vingtiéme, à compter du premier Janvier
L

1768 jusqu'au premier Janvier 1770, *régiftré le 24 Août.*

23 Juin.
Lettres-patentes, portant réglement concernant les Brevets ou Lettres de priviléges, créés en chacun art & métier, par Edit de Mars 1767, & les priviléges, droits, franchifes & libertés dont jouiront les acquéreurs defdits Brevets, tant François qu'Etrangers, *régiftrée le 17 Mars 1768.*

7 Juillet.
Arrêt du Parlement, portant réglement fur la compétence des Juges & Confuls.

9 Juillet.
Arrêt du Parlement, qui permet de faire des regains.

11 Juillet.
Déclaration en interprétation de l'Edit du mois d'Août 1764, portant fuppreffion des Offices de Préfidens des Préfidiaux.

20 Juillet.
Lettres-patentes, portant permiffion aux Officiers municipaux de la Ville de Vic, d'emprunter une fomme de huit mille livres pour employer aux ouvrages y mentionnés, *régiftrées le 29 Août.*

24 Juillet.
Lettres-patentes fur les Arrêts du 18 Mai 1767, Réfultat du 2 Juin & Arrêt en interprétation dudit Réfultat du 24 Juillet de ladite année, portant bail pour douze années de la régie des droits domaniaux, à François Teffier & fes cautions, *régiftrées le 17 Octobre.*

Arrêt du Conseil, qui fixe les droits de Contrôle des différens actes que les provinces, les villes & les communautés du Royaume passeront avec leurs créanciers en conséquence de l'Edit du mois de Juin 1766, &c.

6 Septembre.

Arrêt du Conseil, qui ordonne l'amende de deux cens livres, prononcée pour cause de fausse déclaration ou estimation dans les actes sujets au contrôle; Et encore contre les parties qui prendront de fausses qualités dans leurs actes, &c.

8 Septembre.

Arrêt du Conseil, qui fixe des dispositions rélatives à la régie & recouvrement des droits domaniaux, dont François Teffier a été mis en possession par Arrêt du 9 Juin dernier.

12 Septembre.

Lettres-patentes, portant réduction à quatre, du nombre des huit Brevets ou Lettres de priviléges tenant lieu de Maîtrise, qui devoit être établi en chacun art & métier de la Ville de Metz, en exécution de l'Edit de Mars 1767, *régistrées le 10 Décembre.*

10 Octobre.

Lettres-patentes, portant exemption & affranchissement du droit d'aubaine en faveur des Citoyens & Habitans de la Ville de Francfort, *régistrées le 26 Avril 1768.*

Octobre.

Arrêt du Conseil, qui subroge le Sieur Feydeau de Marville aux fonctions dont étoit chargé le Sieur de Fontanieu, rélativement à la liquidation des papiers du Canada.

11 Octobre.

L 2

14 *Octobre.*

Arrêt du Conseil, qui autorise le Sieur Guillot à signer au lieu & place du Sieur Oblet, le cinquiéme coupon des reconnoissances ordonnées par l'Arrêt du 20 Juin 1764, & autres Arrêts subséquens, pour le payement de la liquidation des papiers du Canada.

14 *Octobre.*

Arrêt du Conseil, qui autorise le Sieur de la Rochette, préposé à la liquidation des papiers du Canada, à payer aux particuliers, les sommes pour lesquelles chacun d'eux y est compris, & ce en reconnoissances garnies de trois coupons d'intérêt seulement.

30 *Octobre.*

Arrêt du Conseil, qui régle ce qui doit être observé par tous ceux qui exercent ou voudront exercer dans toutes les Villes du Royaume, autres que celles de Paris, Fauxbourgs desdites Villes & Bourgs, des professions de commerce, arts & métiers qui ne sont point établis en Jurande, & les priviléges dont ils jouiront, en payant par eux la finance énoncée en l'état annexé audit Arrêt.

30 *Octobre.*

Arrêt du Conseil, concernant les priviléges, prérogatives & exemptions dont Sa Majesté entend que jouissent les Négocians en gros.

30 *Octobre.*

Arrêt du Conseil, qui prescrit les régles & les formalités à observer tant par les parties prenantes que par les payeurs des états du Roi.

Arrêt du Conseil, qui ordonne que les Notaires, Greffiers & autres Officiers ne seront pourfuivis dans aucun temps pour le fupplément des droits réfultans des actes qu'ils auront fait revêtir de leurs formalités, & qu'il ne pourra être formé contre les parties contractantes aucunes demandes en fupplément ou en recours deux années après que les actes auront été contrôlés, infinués & fcellés, foit que les quittances des Commis ayent été fournies avec réferve de plus amples droits, foit qu'elles foient pures & fimples.

11 Novembre.

Arrêt du Conseil, qui ordonne que ceux des Négocians en gros, aufquels il aura été accordé des Lettres, demeureront exempts de guet & de garde, & qu'ils ne pourront être augmentés à la capitation & à l'induftrie.

14 Novembre.

Arrêt du Conseil, qui proroge les délais fixés pour le payement de la finance portée aux états annexés aux Arrêts des 17 Septembre & 30 Octobre derniers, pour les profeffions de commerce, arts & métiers non en jurande.

31 Décembre.

ARRÊT du Parlement, portant qu'il fera fait au Roi de très-humbles & très-refpectueufes remontrances, pour obtenir de Sa Majefté la révocation des Arrêts du Confeil des 23 Août & 30 Octobre 1767, & tarif annexé à ce dernier, concernant les arts & métiers; Et cependant fous le bon plaifir du Roi, fait défenfes d'exécuter lefdits

11 Janvier.

Arrêts du Conseil, à peine de concussion contre les contrevenans.

23 Janvier. Arrêt du Parlement Cour des Aydes, qui ordonne que dans un mois tous ceux qui perçoivent ou se prétendent en droit de percevoir les différens droits attribués aux fonctions des Offices énoncés aux Arrêts du 8 Mai, & Lettres-patentes du 24 Juillet 1767, représenteront leurs titres pour être vérifiés, sinon déchus ; ordonne que ceux qui jouissent des droits de quartage, minage ou mesurage de grains, feront état aux Préposés de François Tessier, de ceux fixés par l'Edit de Janvier 1697, avec défenses aux Mesureurs de lever & percevoir ensemble lesdits anciens droits & ceux résultans dudit Edit, à peine de concussion.

20 Février. Arrêt du Parlement, qui fait défenses aux premiers Juges d'ordonner l'exécution de leurs Sentences lorsqu'il y aura appel, excepté dans les cas voulus par les Ordonnances.

24 Février. Lettres-patentes sur Arrêt, qui subrogent Jean-Baptiste Fouache au lieu de Julien Alaterre, pour faire l'exploitation des droits rétablis & réunis, *régistrées le 17 Septembre.*

29 Février. Lettres-patentes sur une Convention conclue entre le Roi & l'Electeur de Tréves, pour l'exemption réciproque du droit d'aubaine, *régistrées le 26 Avril.*

Lettres-patentes fur une Convention conclue entre le Roi & le Landgrave de Heffe-Caffel, pour l'abolition réciproque du droit d'aubaine entre les fujets de Sa Majefté & ceux de ce Prince, *régiftrées le 26 Avril.*

29 Février.

Lettres-patentes fur une Convention conclue entre le Roi & le Prince Héréditaire de Heffe-Darmftadt, pour l'abolition du droit d'aubaine entre les fujets de Sa Majefté & ceux de ce Prince, *régiftrées le 26 Avril.*

29 Février.

Lettres-patentes fur une Convention conclue entre le Roi & le Cardinal de Rohan, Evêque de Strasbourg, pour l'exemption réciproque du droit d'aubaine entre les fujets françois & ceux des Bailliages de l'Evêché de Strasbourg, fitués en Allemagne, *régiftrées le 26 Avril.*

29 Février.

Lettres-patentes fur une Convention conclue entre le Roi & l'Electeur de Baviere, pour l'abolition réciproque du droit d'aubaine entre les les fujets de Sa Majefté & ceux de ce Prince, *régiftrées le 26 Avril.*

29 Février.

Déclaration, qui ordonne que les Jugemens définitifs & d'inftruction en matieres criminelles, ne pafferont à l'avis le plus févere, que lorfque cet avis prévaudra de deux voix au moins, *régiftrée le 26 Avril.*

1 Mars.

Déclaration, qui fixe à cinq pour cent le droit de détraction, en cas d'exportation, à percevoir

18 Mars.

fur les fucceffions échues en France aux fujets de l'Electeur de Baviere, *régiftrée le 3 Juin.*

23 Mars. Arrêt du Parlement Chambre de la Tournelle, qui ordonne qu'en exécution de celui du 26 Juillet 1762. les Greffiers du reffort ne pourront mettre en groffe que les piéces fecrétes des procédures criminelles.

26 Mars. Déclaration, pour la liberté du commerce des Cuirs, de Province à Province, *régiftrée le 16 Août.*

28 Mars. Arrêt du Parlement, qui fupprime un imprimé ayant pour titre, objets des très-humbles & très-refpectueufes remontrances qui feront faites au Roi, avec lefdites remontrances, & qui fait défenfes d'en vendre & débiter.

Mars. Lettres-patentes, qui ordonnent qu'il fera procédé à la fuppreffion & extinction d'un ou plufieurs Bénéfices féculiers & réguliers, & à l'union des biens en dépendans, à l'Abbaye de Saint Louis de Metz, jufqu'à concurrence de cinquante mille livres de revenu annuel, *régiftrées le 21 Avril.*

Mars. Edit, concernant les Ordres Religieux, *régiftré le 17 Novembre.*

2 Avril. Déclaration, qui fixe le droit d'Oblat à une fomme annuelle de trois cens livres, *régiftrée le 10 Juin.*

Lettres-patentes

Lettres-patentes fur une Convention générale & définitive d'échanges, entre le Roi & le Prince de Naſſau-Saarbruck, *régiſtrées le 30 Mai.* 30 *Avril.*

Edit, portant fuppreſſion & rembourfement de pluſieurs Offices & droits d'Offices, & prolongation des droits du don gratuit, *régiſtré le 14 Juin.* *Avril.*

Lettres-patentes fur Arrêt, qui ordonnent que François Noël, fubrogé à François Teſſier par Arrêt du Conſeil du 5 Mai 1768, fera mis en poſſeſſion de la régie & perception des droits y énoncés, *régiſtrées le 9 Août.* 15 *Mai.*

Arrêt du Parlement, qui fait défenfes à toutes perfonnes de requérir ni mettre à exécution dans le reſſort de la Cour, aucunes loix publiques qui n'auront pas été adreſſées à la Cour, & qui n'auront pas été par elle vérifiées dans les formes de droit, &c. 16 *Mai.*

Arrêt du Parlement, qui ordonne la fuppreſſion d'un imprimé intitulé, *Sanctiſſimi Domini noſtri Clementis Papæ XIII, litteræ in forma Brevis, quibus abrogantur & caſſantur, ac nulla & irrita declarantur nonnulla Edicta in Ducatu Parmenſi & Placentino edita, &c.* qui ordonne en outre l'exécution des loix, Ordonnances du Royaume & des Arrêts de la Cour concernant la publication & exécution des Bulles, Brefs émanés de la Cour de Rome, &c. 23 *Mai.*

Arrêt du Conſeil, concernant les droits à 28 *Mai.*

M

payer fur les Cuirs tannés & corroyés, vaches de rouffy, peaux de veau & autres paffées en couleur, &c. venant de l'étranger.

Mai. Edit, portant réglement pour la clôture des terres, prés, champs & héritages fitués dans les Trois-Evêchés, avec abolition du parcours de village à village, *régiftré le 27 Juin.*

Mai. Edit, portant fixation des portions congrues, *régiftré le 14 Juillet.*

3 Juin. Arrêt du Parlement, qui fait défenfes aux Maî-tres-jurés de différens corps, de préfenter ni faire recevoir au ferment les fils & filles des Maîtres au-deffous de l'age de quinze ans.

4 Juin. Lettres-patentes, portant confirmation du Col-lége royal de Sedan, *régiftrées le 20 dudit mois.*

30 Juin. Arrêt du Confeil, qui proroge les délais fixés par celui du 31 Décembre dernier, pour le paye-ment de la finance des profeffions de commerce, arts & métiers qui ne font point en jurande.

7 Juillet. Arrêt du Parlement, portant injonction aux Notaires & autres perfonnes publiques d'envoyer à M. le Procureur général des extraits en bonne forme des teftamens qui contiendront des dona-tions, fondations ou legs pieux, en faveur des Hôpitaux, Eglifes ou leurs Fabriques, Commu-nautés ou autres gens de main-morte, fous les peines portées audit Arrêt.

Arrêt du Parlement fur l'exécution de l'Edit du mois de Mai 1768, concernant les clôtures des héritages, portant fixation des vacations qui feront payées aux Officiers pour les procès-verbaux pref- crits par l'article 4 du même Edit.

9 Juillet.

Lettres-patentes, portant confirmation du Col- lége de Metz, *régiſtrées le 22 Août.*

22 Juillet.

Arrêt du parlement, qui ordonne qu'il fera fonné dans toutes les Eglifes du reffort pendant quarante jours, à l'occafion de la mort de la Reine.

23 Juillet.

Arrêt du Parlement Cour des Aydes, concer- nant les droits de mefurage des grains, & les Me- fureurs-jurés des grains dans la Ville de Metz.

27 Juillet.

Arrêt du Confeil, qui défend l'entrée dans le Royaume, des foyes blanches, dites Nankin, autres que celles qui feront apportées par les vaiffeaux de la Compagnie des Indes.

1 Août.

Lettres-patentes fur Arrêt, portant réglement pour l'enrégiftrement des Brevets des Maîtres de poftes du Royaume, *régiſtrées le 14 Novembre.*

8 Août.

Lettres-patentes, qui nomment M. de Jarente de la Bruyere, Evêque d'Orléans, pour diriger & adminiftrer le temporel des Abbayes de Saint Vincent & de Gorze, & les Sieurs Marchal de Sainfey pere & fils, adjoints à la place d'Eco- nome, pour faire la recette & régie des biens

17 Septembre.

& revenus desdites Abbayes, *régistrées le 10 Novembre.*

14 Novembre.   Arrêt du Parlement, confirmatif d'une Sentence du Bailliage de Metz, qui condamne à mort les nommés Jean Florentin fils, & Lambert Hennet, pour vols commis en cette Ville.

17 Novembre.   Arrêt du Parlement, à l'effet de pourvoir à la propreté des rues de la Ville de Metz.

28 Novembre.   Arrêt du Parlement, qui ordonne l'exécution de l'Ordonnance de Police concernant la taxe des suifs & chandelles, du 23 Mai 1764; Et enjoint aux Chandeliers de cette Ville de s'y conformer, à peine de mille livres d'amende, & d'être procédé extraordinairement contre eux.

30 Novembre.   Arrêt du Conseil, qui ordonne l'exécution des réglemens y énoncés, concernant les étoffes de soye, & mêlées d'or & d'argent, &c. En conséquence que les ornemens d'Eglise & les habillemens de toutes sortes, ne pourront entrer dans le Royaume sans payer des droits.

10 Décembre.   Arrêt du Conseil, qui proroge jusqu'au 15 Juillet 1769, le délai fixé par celui du 30 Juin dernier, pour le payement de la premiere moitié de la finance des professions d'arts & métiers non en jurande; & jusqu'au 15 Janvier 1770, le délai fixé pour le payement de la derniere moitié.

12 Décembre.   Arrêt du Conseil, qui ordonne que les parties

prenantes qui n'auront point été employées dans les états du Roi de l'année 1767, faute d'avoir repréfenté leurs titres, feront comprifes par doublement dans les états qui feront dreffés pour l'année 1768 & les fuivantes, après avoir fatisfait à la repréfentation, & qui fixe les époques de ladite repréfentation, &c.

Arrêt du Parlement, confirmatif d'une Sentence rendue au Siége de la Police de cette Ville, qui condamne le nommé Peltre, Maitre-Chandelier en cette Ville, en mille livres d'amende, pour n'avoir pas délivré de la chandelle au public.

Edit, portant établiffement d'une maifon de retraite forcée, fous le titre d'Hôpital royal de Sainte Madelaine, dans la Ville de Metz, *régiftré le 23 Février 1769.*

ARRÊT du Parlement, qui déclare nul & abufif le décret de fulmination d'une Bulle émanée de la Cour de Rome, qui n'avoit pas été vifée par la Cour; Enjoint à l'Official & au Promoteur du Diocéfe de Verdun, de fe conformer à l'avenir aux Arrêts & réglemens, fous les peines de droit.

Arrêt du Parlement, concernant la tenue des affemblées du corps des Marchands.

Arrêt du Parlement, qui ordonne que dans trois mois au plûtard, les Officiers municipaux de l'Hôtel de Ville de Metz, feront tenus de juftifier du droit de bannalité des Moulins appartenans à la Ville, finon déchus de la provifion accordée par l'Arrêt du 5 Juillet 1738.

17 Février.   Arrêt du Parlement, confirmatif d'une Sentence rendue en la Prévôté de Phalsbourg, qui condamne Guillaume Braun, Mathis Arrête, Michel Fix & Jean-Gafpard Becker à être pendus, préalablement appliqués à la queftion ordinaire & extraordinaire, pour avoir révélation de leurs complices; Et qui ordonne qu'il fera plus amplement informé contre Ulrik Becker, Louis & Jofeph Zigler pendant un an, même par voye de Monitoire, à la diligence de M. le Procureur général.

1 Mars.   Arrêt du Parlement Chambre des Enquêtes-Tournelle, qui fupprime un mémoire calomnieux donné par le Sieur Céfar-François de Monleon, Seigneur en partie de la Vouerie de Baccarat, contre Me. Jean-Nicolas Jandel, Avocat, ancien Directeur & Caiffier de la Verrerie de Baccarat; condamne le Sieur de Monleon en fix mille livres de dommages & intérêts & aux dépens, le tout payable par corps.

7 Mars.   Arrêt du Parlement, qui renouvelle la taxe des Bois de chauffage, & portant réglement fur la police des chantiers & vente defdits bois.

20 Mars.   Arrêt du Parlement, fur l'exécution de celui du 7 Mars 1769, au fujet de la taxe des bois de chauffage.

Edit, qui ordonne la levée & perception du second Vingtiéme, à compter du premier Janvier 1770, jufqu'au premier Juillet 1772, *régiftré le 10 Avril 1769.*

Décembre. 1768.

Lettres-patentes, qui dérogent à l'Edit du mois de Mai 1768, portant fixation des portions congrues en ce qui concerne l'Ordre de Malte, *régiftrées le 17 Avril 1769.*

30 Décembre. 1768.

LEttres-patentes, portant ratification d'une Convention conclue entre le Roi & le grand Duc de Tofcane, pour l'exemption réciproque du droit d'aubaine entre les fujets de Sa Majefté & ceux de ce Prince, *régiftrées le 15 Juin 1770.*

1769.

10 Janvier.

Déclaration, qui autorife Julien Alaterre à faire le recouvrement des gages intermédiaires pendant la durée de fon bail, *régiftrée le 10 Avril.*

24 Février.

Lettres-patentes, pour l'exemption du droit d'aubaine en faveur de la Nobleffe immédiate de l'Empire des cercles de Suabe, de Franconie, & du Rhin, *régiftrées le 18 Mai.*

Février.

Arrêt du Confeil, qui ordonne qu'il fera envoyé annuellement dans les Provinces la quantité de *neuf cens trente-deux mille cent trente-fix* prifes de remédes, pour être diftribuées gratuitement aux pauvres habitans des campagnes, au

1 Mars.

N

lieu de *cent vingt-six mille neuf cens dix* prifes qui fe diftribuoient précédemment.

22 Mars. Lettres-patentes, fur une Convention conclue entre le Roi & l'Electeur de Cologne , pour l'abolition réciproque du droit d'aubaine entre les fujets de Sa Majefté & ceux des Etats de l'Archevêque de Cologne, *régiftrées le 18 Mai.*

22 Mars. Lettres-patentes, fur une Convention conclue entre le Roi & le Prince Evêque de Spire, pour l'abolition réciproque du droit d'Aubaine entre les fujets de Sa Majefté & ceux de la Principauté & Evêché de Spire, *régiftrées le 18 Mai.*

22 Mars. Lettres-patentes, fur une Convention conclue entre le Roi & le Prince Evêque de Liége, pour l'abolition réciproque du droit d'Aubaine entre les fujets de Sa Majefté & ceux de la Principauté de Liége, *régiftrées le 18 Mai.*

3 Avril. Déclaration, portant défenfes aux nouveaux convertis d'aliéner leurs biens fans permiffion , *régiftrée le 29 Mai.*

17 Avril. Lettres-patentes fur Arrêt, qui ordonnent que les Officiers de la Maîtrife des Eaux & Forêts de Sarreguemines, continueront d'exercer fous le reffort de la Chambre des Comptes de Nancy, toute police & jurifdiction fur la totalité de la forêt de Schuangen, comme avant un Arrêt du Parlement de Metz, du 3 Décembre 1768, *régiftrées le 11 Décembre.*

Lettres-patentes, qui ordonnent que les biens dépendans des Confrairies du reſſort du Parlement de Metz, qui feront dans le cas d'être ſupprimées, feront unis à l'Hôpital de Sainte Madelaine, établi dans la Ville de Metz, *régiſtrées le 12 Mars 1770.*

2 Mai.

Arrêt du Parlement, portant nouveau réglement ſur la taxe des bois de chauffage & la police des chantiers.

Juin.

Edit, portant réglement pour le partage des Communes dans les Trois-Evêchés, *régiſtré le 6 Juillet.*

8 Juin.

Arrêt du Parlement, qui ordonne une aſſemblée générale des Paroiſſiens de Saint Gorgon, & des propriétaires de maiſons ſur ladite Paroiſſe, en la ſalle des Trois-Ordres, le mercredi 14 Juin, ſept heures du matin.

21 Juin.

Lettres-patentes, portant ratification du traité de commerce & de marine, paſſé entre le Roi & la Ville de Hambourg, *régiſtrées le 7 Septembre.*

28 Juin.

Arrêt du Conſeil, portant prorogation des délais accordés pour le payement de la finance des profeſſions d'arts & métiers non en jurande.

5 Juillet.

Arrêt du Parlement Chambre de la Tournelle, qui fait défenſes de prononcer des dépens en matiere criminelle, lorſqu'il n'y a point de partie civile; Enjoint au Greffier de la haute juftice d'Eply, de fe conformer à l'article X de la Déclaration du Roi du 19 Juin 1691, & Arrêts de réglemens concernant l'envoi au Greffe de la Cour, des expéditions des procédures criminelles. Ordonne que dans fix mois il fera conftruit par le Seigneur haut jufticier d'Eply, des prifons conformément aux réglemens.

20 Juillet. Arrêt du Confeil qui diffout la confraternité ci-devant établie entre les Chapitres de la Cathédrale, de faint Sauveur, de faint Thibaut, & des quatres Abbayes de Bénédiétins, & les Dames Abbeffe & Chanoineffes de faint Pierre & de fainte Marie de la Ville de Metz; Et qui régle le cérémonial à obferver au fujet de la tranflation de la Chaffe de fainte Séréne ou de fainte Valdrée à l'Eglife Cathédrale.

22 Août. Lettres-patentes, portant confirmation de la Convention entre le Roi & l'Impératrice Reine de Hongrie, *régiftrées le 14 Décembre.*

9 Septembre. Déclaration, qui ordonne que les ouvrages d'or & d'argent venant de l'étranger, ne pouvant être marqués du poinçon qui leur eft deftiné, qu'en juftifiant de l'acquit des droits d'entrée fur lefdits ouvrages; & qui prefcrit quelqu'autre formalité pour en affurer le titre, *régiftrée le 15 Janvier 1770.*

2 Octobre. Arrêt du Parlement, qui fait défenfes aux Religieux mendians étrangers, de quelque Ordre qu'ils foient, de quêter dans le reffort de la Cour.

Lettres-patentes fur Arrêt, concernant le Don gratuit des Villes du département des Trois-Évêchés, *régiftrées le 25 Novembre.* 29 *Octobre.*

Arrêt du Parlement, pour l'enrégiftrement des Lettres-patentes données à Compiégne le 22 Août 1769, fur une Convention entre le Roi & l'Impératrice Reine de Hongrie & de Bohéme, concernant les limites des Etats refpectifs aux Pays-bas, & les conteftations y rélatives. 11 *Décembre.*

Arrêt du Parlement, qui continue les Officiers nommés par l'Evêque de Verdun, dans les fonctions de leurs charges & commiffions, à charge de prêter par eux le ferment ordonné par la Cour, & que pendant la vacance fes fentences, jugemens & contrats feront intitulés au nom defdits Officiers comme Officiers royaux durant la régale, &c. 21 *Décembre.*

Arrêt du Parlement, entre les Abbé, Prieur & Religieux de l'Abbaye de faint Mathias-les-Treves, appellans ; Et le Sieur Jean-Jacques de Kinglin, Baron d'Alftat, Seigneur d'Itzkirel & autres lieux, intimé. 28 *Décembre.*

Edit, qui proroge la levée des deux fols pour livre du Dixiéme, jufqu'au premier Juillet 1772, *régiftré le 30 Janvier 1770.* *Décembre.*

11 Janvier. ARRÊT du Parlement, qui fait défenfes à tous les fujets du Roi de s'habituer ni former aucun établiffement hors du Royaume, fans la permiffion expreffe de Sa Majefté; leur fait pareillement défenfes de fortir hors du Royaume pour caufe de pélerinage, fans obferver la même formalité, &c. Réitere les défenfes à toutes perfonnes de folliciter, engager ou attirer aucuns fujets du Roi pour former des établiffemens en pays étrangers, le tout fous les peines portées par les Réglemens & Ordonnances, &c.

12 Janvier. Lettres - patentes fur Arrêt, concernant les maifons du Séminaire de Charité de la Ville de Metz, qui font entrées dans les changemens faits dans l'intérieur de ladite Ville, *régiftrées le 5 Mars.*

17 Janvier. Arrêt du Parlement, qui ordonne que les lieux cédés au Roi par l'article XXI du traité paffé avec l'Impératrice Reine de Hongrie, le 16 Mai 1769, reffortiront aux Prévôtés royales les plus à portée defdits lieux, & par appel à la Cour.

Janvier. Edit, portant réunion des deux Sémeftres du Parlement de Metz en une feule Cour de Parlement, & fixation du temps des vacations, & du jour de rentrée de cette Cour, *régiftré le 30 dudit mois.*

3 Février. Déclaration, qui fixe les délais dans lefquels les Receveurs généraux des finances & les Receveurs des tailles compteront de leurs exercices des années 1766, 1767, 1768 & 1769, *régiftrée le 2 Juillet.*

Déclaration, concernant la difcipline & l'ordre du fervice du Parlement de Metz , *régiftrée le 5 Mars.* Enfemble l'Edit du Roi, portant conceffion de priviléges accordés par Sa Majefté aux Officiers du Parlement de Metz, du mois de Septembre 1658 : L'Edit du Roi, portant réglement pour la Chambre des Vacations, du mois d'Août 1669 : Et la Déclaration, portant réglement des appointemens des appellations, du 15 Mars 1673. *6 Février.*

Edit, portant que le denier de la Conftitution fera & demeurera fixé, à raifon du denier vingt du capital, *régiftré le 22 Mars.* *Février.*

Lettres-patentes fur Arrêt, qui fixent le prix des piaftres aux deux globes , apportées aux Monnoyes, à 48 livres 9 fols le marc, & ordonnent que les Directeurs en compteront fur le pied de 10 d. 21 g. au lieu de 10 d. 19 g. $\frac{1}{2}$ *régiftrées le 26 Mars.* *8 Février.*

Arrêt du Confeil, qui ordonne la fufpenfion du payement des refcriptions fur les Recettes générales des finances, & des affignations fur les fermes générales unies, ferme des poftes & autres revenus du Roi, à compter du premier Mars 1770. *18 Février.*

Arrêt du Confeil, qui fufpend le payement *18 Février.*

des billets des fermes générales unies, qui écherront à compter du mois de Mars 1770.

Fevrier. Edit, portant création de quatre cens mille livres d'augmentation de gages au denier vingt, à répartir fur les différens Offices y défignés, *régiftré le 10 Mai.*

Février. Edit, portant augmentation de finance & de gages, pour les Officiers de Chancellerie, *régiftré le 10 Mai.*

18 Mars. Déclaration, qui accorde des délais pour compter à différens Tréforiers & Payeurs, & à l'Adjudicataire des Fermes générales, *régiftrée le 12 Juillet.*

5 Mai. Arrêt du Parlement, qui fait défenfes à tous les Juges royaux & des Seigneurs du reffort, de nommer ou confirmer tutrices à leurs enfans mineurs, les femmes veuves qui n'auront point atteint l'âge de vingt-cinq ans, foit qu'elles ayent ou non la garde de leurs enfans, à moins qu'elles ne foient affiftées d'un cotuteur.

14 Mai. Arrêt du Parlement, portant réglement pour l'expédition des fentences de remifes ou fur délibéré.

17 Mai. Arrêt du Parlement, qui fait défenfes à tous les corps en Maîtrife & jurande du reffort, de

former

former aucuns complots, & fignifier aucunes dé-
libérations pour s'abftenir du travail de leur profeffion, fous les peines y portées.

Arrêté du Parlement, portant qu'il ne fera plus *31 Mai.*
exigé de paréatis pour mettre à exécution dans
fon reffort, les décrets ou jugemens émanés des
Juges & Tribunaux des Duchés de Lorraine
& de Bar, &c.

Arrêt du Parlement, qui fait défenfes d'inhu- *25 Juin.*
mer aucuns corps dans les cimetieres des Paroiffes
& Eglifes de la Ville de Toul, à l'exception
des perfonnes défignées audit Arrêt.

Lettres - patentes en faveur des vingt - deux *Juillet.*
Villes Impériales y dénommées pour l'exemp-
tont du droit d'aubaine & la liberté du commerce, *régiftrées le 23 Août.*

Arrêt du Parlement, qui accorde à la Ville *5 Juillet.*
de Metz, par provifion, pour dix ans, le privilége de faire de l'huile de pieds de bêtes ;
ordonne aux Bouchers chrétiens & aux Juifs de
délivrer aux ceffionnaires dudit privilége les pieds
& abattis des bêtes qu'ils tueront, &c.

Arrêt du Parlement, qui fait défenfes à toutes *20 Juillet.*
perfonnes de faire fortir aucuns grains dans l'é-
tendue de fon reffort, pour être verfés dans les
pays étrangers : Et qui fait pareillement défenfes
aux Amidonniers de cette Ville & de fon ref-

O

fort, d'employer aucuns bleds, feigle & orge, à la fabrication des poudres & amidon, à peine de trois cens livres d'amende.

20 Juillet. Arrêt du Parlement, qui fait défenfes à toutes perfonnes d'arrher ni acheter les bleds, ni aucune autre efpéce de grains fur pied & en verd, avant la recolte faite & engrangée, à peine de nullité des ventes & autres peines portées audit Arrêt.

22 Juillet. Lettres-patentes fur deux Arrêts du Confeil, portant que la régie des droits rétablis & réunis, fera continuée par Jean-Baptifte Fouache pendant fix années qui commenceront du premier Janvier 1771, *régiftrées le 16 Août.*

2 Août. Arrêt du Parlement, qui ordonne que par provifion, & pendant l'efpace de quatre mois, les alimens feront fournis aux prifonniers civils, tant des prifons de la Conciergerie du Palais, que de toutes autres du reffort, par ceux à la requête defquels ils font detenus, fur le pied de cinq fols par chacun jour.

9 Août. Arrêt du Parlement, en interprétation de celui du 20 Juillet dernier, concernant les défenfes à toutes perfonnes de faire fortir aucuns grains dans l'étendue de fon reffort, pour être verfés dans les pays étrangers.

11 Août. Arrêt du Parlement, qui fufpend par provifion

la taxe des fuifs & des chandelles, jufqu'à ce que par icelle il en ait été autrement ordonné.

Arrêt du Parlement, concernant les Officiers municipaux de l'hôtel de Ville de Metz. *18 Août.*

Arrêt du Confeil & Lettres-patentes fur icelui, concernant les Sieurs de Calonne & de Fleffelles, *régiftrés le 23 Août.* *19 Août.*

Arrêt du Parlement, qui maintient les Seigneurs hauts jufticiers & autres, des lieux cédés au Roi par l'article XXI du traité du 16 Mai 1769, dans le droit & poffeffion où ils font de faire exercer la juftice, chacun en droit foi, par les Officiers qu'ils ont accoutumé de nommer, à charge par eux de fe conformer aux Ordonnances du Royaume, Arrêts & Réglemens de la Cour, &c. *23 Août.*

Arrêt du Parlement, qui furfeoit pendant deux mois à toute traite & fortie de toute efpéce de grains du cru de la province, achetés par les particuliers, fans commiffion ou des ordres exprès de Sa Majefté, à moins qu'avant ledit temps il n'en ait été autrement ordonné, ou fur les permiffions du Parlement, données en connoiffance de caufe. Défend de faire aucun achat ailleurs que fur les marchés publics. Défend d'emprunter des territoires étrangers pour le tranfport des grains dans les autres lieux du Royaume, le tout fous peine de confifcation, d'amende *9 Octobre.*

arbitraire, & d'être pourfuivis extraordinairement. Défend à toutes perfonnes de braffer ni
fabriquer aucune biere, & d'y employer de
l'orge & aucuns autres grains. Pareilles défenfes
aux Amidonniers de fabriquer de la poudre &
de l'amidon, & de faire aucun approvifionne-
ment pour les objets de leur profeffion, qu'il
n'en ait été autrement ordonné, & qui régle les
formalités à obferver par ceux qui voudront faire
le commerce dans l'intérieur de la province, & les
conditions fous lefquelles ils pourront le faire.

17 Octobre. Arrêt du Parlement, qui ordonne que ceux
qui feront commerce de grains, ne pourront fe
préfenter fur les marchés de cette Ville, ni des
autres lieux du reffort, qu'une heure après celle
fixée pour les Boulangers; & leur défend & à
leurs prépofés, d'y faire aucun achat avant ladite heure, à peine de deux mille livres d'a-
mende, & de fix mois de prifon.

Novembre. Edit, concernant les Offices de Greffiers du
Parlement de Metz, *régiftré le 7 Décembre.*

4 Novembre. Déclaration, qui fixe le temps pendant lequel les
Officiers comptables demeureront dépofitaires des
parties non réclamées, *régiftrée le 10 Mai 1771.*

1 Décembre. Arrêt du Parlement, qui ordonne que l'augmentation des alimens, ordonnée par Arrêt du
2 Août dernier, fera continuée jufqu'au 2 Juin
prochain.

Déclaration, concernant le commerce des grains, *régiftrée le 19 Janvier 1771.* 1770. 17 *Décembre.*

DÉCLARATION, concernant les Comptables, *régiftrée le 16 Février.* 1771. 10 *Janvier.*

Lettres-patentes interprétatives de l'Edit du mois de Mai 1768, qui permet la clôture des héritages, & abolit le parcours dans les Trois-Evêchés, *régiftrées le 21 Février.* 22 *Janvier.*

Arrêt du Parlement, qui confirme une Ordonnance de Police de la Ville de Sedan, du 26 Avril 1766, tendante à réprimer les cabales, affemblées illicites, infolences, excès, ivrogneries, jeux, débauches & défordres parmi les ouvriers & journaliers. 14 *Février.*

Arrêt du Parlement, qui confirme une Ordonnance de Police de la Ville de Sedan, du 26 Septembre 1769, tendante à pourvoir à la folidité des maifons, à la propreté & à la fûreté des rues, & à éviter les incendies. 14 *Février.*

Edit, concernant les Offices de Jurés-prifeurs-vendeurs de biens-meubles, *régiftré le 22 Août.* *Février.*

Arrêt du Parlement Chambre des Comptes, qui fait défenfes aux Officiers municipaux de s'arroger aucuns droits de maille, ni d'en ftipuler à leur profit. 8 *Mars.*

Avril. Edit, portant confirmation des anoblis depuis 1715, *régiſtré le 4 Octobre.*

1 Juin. Lettres-patentes, pour ſortir l'Abbaye de Gorze d'économat, *régiſtrées le 2 Juillet.*

18 Juin. Arrêt du Parlement, qui renouvelle les réglemens concernant le commerce des grains, & fait itératives défenſes à toutes perſonnes d'arrher ni acheter des bleds, ni aucune autre eſpéce de grain ſur pied & en verd, avant la recolte faite & engrangée, à peine de nullité des ventes, & autres peines portées audit Arrêt, &c.

Juin. Edit, portant ſuppreſſion de l'Office de Subſtitut de Procureur du Roi au Bailliage & Siége Préſidial de Toul, pour avoir lieu lors du décès ou de la démiſſion du titulaire actuel, *régiſtré le 15 Juillet.*

Juin. Edit, portant création de conſervateurs des hypothéques ſur les immeubles réels & fictifs, & abrogation de décrets volontaires, *régiſtré le 18 Juillet.*

4 Juillet. Lettres-patentes ſur une Convention conclue entre le Roi & la Ducheſſe douairiere de Saxe-Veymar & Eiſenach, pour l'exemption réciproque du droit d'aubaine en faveur des ſujets de Sa Majeſté & de ceux deſdits Duchés, *régiſtrées le 22 Août.*

Arrêt du Parlement, qui ordonne l'exécution des articles IV & V de la Déclaration du 27 Décembre dernier, & qui fait défenses à François Lahausse, & à toutes personnes des qualités mentionnées ésdits articles, de s'immiscer à faire le trafic ou marchandise de grains, directement ou indirectement, soit en leur nom, soit à titre de société, & ce sous les peines y portées.

Lettres-patentes, qui annullent le bail passé au Sieur Roucelle de l'Abbaye de Gorze, *régistrées le 19 dudit mois.*

Commission pour la Chambre des Vacations du Parlement de Metz, *régistrée le 22 dudit mois.*

Lettres-patentes, par lesquelles Sa Majesté ordonne qu'il ne sera intenté aucune action contre M. l'Archevêque de Damas, pour fait de réparations aux bâtimens dépendans de son Abbaye, *régistrées le 14 Septembre.*

Arrêt du Parlement, par lequel il est pourvu à l'administration de la justice au nom du Roi, dans les hautes-justices dépendantes de l'Abbaye de saint Airy de Verdun, pendant la vacance de ladite Abbaye.

Arrêt du Parlement Chambre des Vacations, qui fait défenses à toutes personnes de quelque qualité & condition qu'elles soient, de faire

aucun achat de bled & autres grains, fous prétexte & en vertu des commiffions qui pourroient
leur être données, à moins qu'elles ne foient éma-
nées de Sa Majefté, ou des perfonnes chargées
de fes ordres, fans les avoir repréfentées aux
Officiers royaux & de Police des lieux où les
achats doivent être faits, & fans avoir obtenu
defdits Officiers la permiffion de les exécuter
s'il y échet, &c.

18 Septembre. Lettres-patentes fur une Convention conclue
le 21 Décembre 1751 entre Sa Majefté & le
feu Roi de Pologne, Duc de Lorraine & de
Bar d'une part, & le Prince de Salm-Salm d'autre,
régiftrées le 12 Octobre.

27 Septembre. Arrêt du Parlement Chambre des Vacations,
qui condamne Françoife Challouette à être pen-
due pour crime de vol domeftique; Et qui fait
défenfes à toutes perfonnes de quelque qualité &
condition qu'elles foient, de recevoir, garder,
retenir, réfugier & recéler fous quelque prétexte
ce puiffe être, aucuns effets des domeftiques ou
gens à gages, &c.

Octobre. Edit, portant fuppreffion du Parlement de
Metz, & réunion de fon reffort à la Cour Sou-
veraine de Nancy, *régiftré le 21 dudit mois.*

F I N.

www.ingramcontent.com/pod-product-compliance
Ingram Content Group UK Ltd.
Pitfield, Milton Keynes, MK11 3LW, UK
UKHW031844170726
13836UKWH00004B/1872